Mirjam Müller

Ich mach Geld
und nicht den Abwasch

Wie Frauen zu einem kleinen Vermögen kommen

Bibliografische Information der Deutschen Nationalbibliothek
Die Deutsche Nationalbibliothek verzeichnet diese Publikation in der Deutschen
Nationalbibliografie; detaillierte bibliografische Daten sind im Internet über
http://dnb.ddb.de abrufbar.

ISBN 978-3-89994-206-4

Die Autorin: Die Wirtschaftsjournalistin Mirjam Müller ist eine gefragte Autorin
renommierter Wirtschafts-Magazine. Sie ist stets die erste Wahl, wenn es gilt,
komplizierte Sachverhalte auf den Punkt zu bringen.

Originalausgabe

© 2008 humboldt
Ein Imprint der Schlüterschen Verlagsgesellschaft mbH & Co. KG,
Hans-Böckler-Allee 7, 30173 Hannover
www.schluetersche.de
www.humboldt.de

Lektorat:	Angelika Lenz, Steinheim a. d. Murr
Covergestaltung:	DSP Zeitgeist GmbH, Ettlingen
Coverfoto:	Shutterstock
Innengestaltung:	akuSatz Andrea Kunkel, Stuttgart
Satz:	PER Medien + Marketing GmbH, Braunschweig
Druck:	Schlütersche Druck GmbH & Co. KG, Langenhagen

Hergestellt in Deutschland.
Gedruckt auf Papier aus nachhaltiger Forstwirtschaft.

Inhalt

Vorwort

Herzlichen Glückwunsch! Den ersten Schritt zum Aufbau eines Vermögens haben Sie bereits getan – sie haben beschlossen, sich zu informieren und ein Buch zum Thema Finanzen zu lesen. Denn was den meisten Frauen fehlt, die nicht regelmäßig Geld für Extrawünsche oder die Altersvorsorge zur Seite legen, ist Wissen. So begründen 43 Prozent der Frauen (aber nur 29 Prozent der Männer), die bislang neben der gesetzlichen Rentenversicherung nichts für ihre Altersvorsorge tun, dies damit, sich noch nicht mit dem Thema beschäftigt zu haben. Ihnen fehlt weder die Erkenntnis, dass Vermögensbildung – auch unabhängig von einem eventuell vorhandenen Ehemann – sinnvoll ist, noch das Wissen, dass dabei immer „je früher desto besser" gilt. Vielmehr geht es um die Details von Konten, Kursen und Kapital. Welche Möglichkeiten gibt es prinzipiell, um zu einem kleinen Vermögen zu kommen? Welche eignen sich für mich persönlich, wo liegen ihre Risiken? Wie viel Geld benötige ich, um mein eigenes Vermögen aufzubauen?

Vorweg eine gute Nachricht: Es ist nicht erforderlich, bereits Kapital zur Verfügung zu haben, um es zu mehren. Gerade beim Vermögensaufbau macht auch Kleinvieh viel Mist. Wer regelmäßig etwas zur Seite legt und dafür ein persönlich sinnvolles Finanzprodukt auswählt, sieht sein Vermögen schnell wachsen. Und die Möglichkeiten dafür sind vielfältig – oder wie der legendäre Großinvestor und Milliardär Warren Buffett einmal sagte: „Glücklicherweise gibt es mehrere

Wege, die zum Finanzhimmel führen." Für fast jeden Geld-
beutel, jeden Zeitpunkt und jedes Sparziel gibt es heute
Anlageprodukte. Warum hat dann nicht jede Frau bereits
angefangen, ihren eigenen finanziellen Grundstock aufzubauen? Hier sind wir wieder beim Wissen. Finanzprodukte
haben einen großen Nachteil. Sie werden immer komplexer,
ihre Systeme und Strukturen und leider auch ihre Vor- und
Nachteile erschließen sich heute keinem Laien mehr von
selbst. Und in der Schule haben wir auch nichts darüber
gelernt. Das ist jedoch kein Grund, den Kopf in den Sand zu
stecken. Schließlich sind auch andere Aufgaben komplex,
die Frauen im Alltag mühelos meistern. Wer will schon
behaupten, dass man nichts wissen muss, um ein Fünf-
Gänge-Menü zu zaubern oder gar um die eigenen Kinder zu
erziehen?

Wie bei allem, was man neu lernt, ist der Anfang nicht ganz
leicht. Doch wer sich überwindet und in die Thematik ein-
steigt, merkt schnell, dass in der Finanzwelt auch nur mit
Wasser gekocht wird. Außerdem: eine Bikinifigur kriegt
man schließlich auch nicht gleich nach dem ersten Besuch
im Fitnessstudio. Wie beim Training kommt der Spaß beim
Durchhalten von ganz alleine – welche Frau freut sich nicht,
wenn ihr Konto und damit ihre Unabhängigkeit und Sicherheit wachsen? Und welche Frau brilliert nicht gerne mit
Kenntnissen in einem Bereich, in dem Frauen nach wie vor
wenig Kompetenz zugeschrieben wird?

Dabei ist die Geldanlage so individuell wie sie selbst: So wie
keine Frau denselben Geschmack, dieselbe Figur und dieselben Interessen hat wie die andere, gilt es auch beim Aufbau

eines Vermögens die persönlichen Voraussetzungen zu berücksichtigen: Wie viel Interesse, wie viel Zeit und nicht zuletzt wie viel Geld stehen Ihnen zur Verfügung? Welche Ziele haben Sie und welches Risiko sind Sie bereit einzugehen? Kurz: Frauen müssen das magische Dreieck der Geldanlage verstehen und darin ihren persönlichen goldenen Mittelweg finden. Die Eckpunkte des Dreiecks sind Sicherheit, Verfügbarkeit und Rendite. Maximale Rendite, minimales Risiko und die ständige Zugriffsmöglichkeit auf das eigene Ersparte – das ist ein klassischer Fall von Eier legender Wollmilchsau. Haben Sie die schon mal gesehen? Eben. Genauso selten sind Geldanlagen, die alle diese Kriterien auf einmal erfüllen.

Gesucht ist also immer ein Kompromiss. Dieses Buch soll Ihnen dabei helfen, sich dem Thema zu nähern, sich einzuschätzen und verschiedene Möglichkeiten der Geldanlage kennenzulernen. Denn nur wer in den Grundstrukturen versteht, was beim einen oder anderen Finanzprodukt mit dem eigenen Geld passiert, kann entscheiden, ob es sich für den eigenen Bedarf eignet, und am Ende der Überlegungen einen Kompromiss finden, der kein fauler ist.

Bleibt ein letztes Argument gegen ein persönliches Engagement für die Finanzen: der Zeitfaktor. Unmöglich, sich neben Job, Haushalt und Familie noch einem neuen Thema zu widmen, meinen Sie? Gilt nicht! Um in die Thematik einzusteigen, braucht es nicht mehr als die Erkenntnis der Notwendigkeit und ein gewisses Basiswissen, das schnell gewonnen ist. Für den Rest gibt es auch hier Experten. Schließlich weigern Sie sich ja auch nicht, die neue Telefonanlage oder einen Videorekorder zu programmieren, nur weil Sie das Gerät nicht selbst bauen können.

Und nicht zuletzt hat, wer über ein bisschen mehr Bares verfügt, auch mehr Zeit. Fangen Sie also an, ein Vermögen zu machen. Von den Zinsen können Sie sich dann schnell jemanden leisten, der den Abwasch für Sie erledigt!

Annäherung an ein komplexes Thema

Zu spät, zu wenig – warum Frauen die Geldanlage vernachlässigen

„Eine Frau kann nie dünn und nie reich genug sein." So fragwürdig der erste Teil des Satzes ist, so wenig hat die zweite Äußerung von Coco Chanel im Lauf der Jahrzehnte an Aktualität eingebüßt. Im Gegenteil: Gerade heute tut Geld Frauen gut. Vor allem, wenn es das eigene ist. Dabei geht es nicht um die Möglichkeit, alleine über den Kauf einer neuen Handtasche entscheiden zu können. Das Thema hat existenzielle Dimensionen: In Zeiten steigender Lebenserwartungen, Scheidungsraten und Versingelung der Gesellschaft ist jede Frau gut beraten, sich in Sachen Vermögen auf sich selbst zu verlassen. Vorbei das jahrhundertealte Modell des versorgenden, alleinverdienenden Mannes. Passé die Zeit, in der Frauen allenfalls das zugeteilte Haushaltsgeld verwalten durften. Auch wenn Sie nicht gleich ein eigenes Modeimperium aufbauen müssen wie Madame Chanel – ein eigenes Konto, eine eigene Vermögensplanung, die eigene Altersvorsorge und zuallererst der Überblick über die eigene Finanzsituation sind heute für jede denkende Frau unabhängig von Familienstand und Einkommen Pflicht. Nicht zuletzt weil Frauen bei gleicher Arbeitszeit im Schnitt zwischen 20 und 30 Prozent weniger verdienen als Männer. Umso wichtiger ist es, mit dem eigenen Geld gut umzugehen. Und auch das

Modell, sich als verheiratete Frau auf das Vermögen des Mannes zu verlassen, hat spätestens seit dem neuen Scheidungsrecht ausgedient.

Glaubt man entsprechenden Studien, so zweifelt kaum eine diese Notwendigkeiten an. Trotz dieser Erkenntnis tun sich viele Frauen schwer mit dem Thema. Aktuelle Umfragen brachten ans Licht, dass 20 Prozent der deutschen Frauen zwischen 20 und 49 Jahren überhaupt nicht sparen. Je geringer der Bildungsgrad und das monatliche Haushaltseinkommen, desto weniger wird zur Seite gelegt. Wenn deutsche Frauen Geld anlegen, dann nutzen sie laut einer aktuellen Untersuchung überwiegend klassische Geldanlagen wie Sparkonto (53 Prozent) oder Bausparvertrag (33 Prozent).

„Eine Frau kann nie reich genug sein."
Coco Chanel

Genutzt wird also, was bekannt ist, und nicht unbedingt, was sich am besten eignet oder die höchste Rendite verspricht. Wenn sich Frauen über Finanzprodukte und Geldanlagen informieren, ist die Hausbank für 75 Prozent die erste Informationsquelle. Auch hier wäre etwas mehr Eigeninitiative bzw. -recherche oft hilfreich. Schließlich will jede Bank die Produkte verkaufen, an denen sie am meisten verdient.

Prinzipiell sinkt die Sparbereitschaft laut dem Meinungsforschungs-Institut Forsa auch mit der Größe des Haushalts. So leben 25 Prozent der Nichtsparer in einem Haushalt mit mehr als drei Personen. Dies weist auf eine der Wurzeln des Problems hin: Viele Frauen haben auch heute noch die über Jahrhunderte erlernte Versorgungsmentalität, nach der in einer Familie der Mann fürs Finanzielle zuständig ist. Kein

Wunder: Bis 1953 verkündete sogar das Bürgerliche Gesetzbuch: „Das Vermögen der Frau wird durch die Eheschließung der Verwaltung des Mannes unterworfen." Auch wenn diese Zeiten vorbei sind, lag Deutschland im Hinblick auf die Gleichverteilung ökonomischer Güter zwischen Männern und Frauen in einer Rangliste des Weltwirtschaftsforums aus dem Jahr 2006 auf einem abgeschlagenen zwanzigsten Platz – hinter den meisten EU-Staaten und Ländern wie Thailand, Simbabwe oder Russland.

Abneigungen überwinden

Zugegeben, so richtig sexy ist das Thema nicht: Zinssätze, Rentenbescheide, Anlagemöglichkeiten und Renditen sind für die meisten Frauen nicht gerade inhaltliche Schlüsselreize. Zumal viele von ihnen gerade in der Lebensphase, in der das Thema akut wird, der Doppelbelastung von Beruf und Familie ausgesetzt sind und in der spärlichen Freizeit kaum Motivation für die Anstrengung der „Einstiegshürden" aufbringen. Denn vor den Preis eines wachsenden eigenen Vermögens haben die Götter auch hier den Fleiß gesetzt. Es gilt, die aktuelle Situation zu analysieren, den

Das Thema ist nicht gerade sexy, aber mit zunehmendem Wissen kommt der Spaß und wächst das Konto.

künftigen Bedarf einzuschätzen, Anlagemöglichkeiten zu vergleichen und Entscheidungen zu treffen. Aber auch wenn aller Anfang schwer ist: Es lohnt sich. Sind die eigenen Aversionen einmal überwunden und die ersten Schritte getan, wird die Sache immer einfacher und ein wachsendes Vermögen entlohnt für manches Viertelstündchen, das man mit dem Vergleich eines Bankangebots oder dem Blick auf Aktienkurse verbringt. Und was Anfängerinnen oft kaum glauben: Mit dem Wissen kommt in der Regel auch der Spaß an der Sache.

Altersarmut ist weiblich – clevere Frauen sorgen selbst vor

Dass sich so viele Frauen nicht um den Aufbau eines eigenen Vermögens kümmern, stellt ein großes Problem dar – für die einzelne Frau ebenso wie für die Gesellschaft als Ganzes. Denn Altersarmut ist weiblich: Die Studie „Alterssicherung in Deutschland (ASID) 2003" ergab für Frauen ab 55 Jahren in den alten Bundesländern nach Abzug des Eigenanteils zur Kranken- und Pflegeversicherung eine eigene Rente in Höhe von 493 Euro. Männer kamen mit durchschnittlich 1.104 Euro auf mehr als das Doppelte. In den neuen Ländern lagen die Werte für Männer bei 1.073 Euro und für Frauen immerhin bei 673 Euro. Der Grund für das enorme Ungleichgewicht liegt in den zahlreichen Brüchen, die weibliche Erwerbsbiographien oft aufweisen und den noch immer erheblich niedrigeren Einkommen der Frauen.

Viele Frauen unterbrechen ihre Berufstätigkeit oder beenden diese ganz, sobald sich Nachwuchs einstellt. Das führt zu kürzeren Rentenversicherungszeiten, die durch die Anrechnung von Erziehungszeiten auf den Rentenanspruch in der Regel nicht ausgeglichen werden. Wenn Mütter in den Beruf zurückkehren, geschieht dies erheblich häufiger als bei Männern auf Teilzeitbasis – mit demselben Effekt.

Mehr als ein Sahnehäubchen Schon die nackten Zahlen aus diversen Untersuchungen zeigen deutlich, dass die private Altersvorsorge deutlich mehr ist als ein Sahnehäubchen. An ihr führt kein Weg vorbei, wenn der Lebensabend nicht einen massiven finanziellen Absturz bedeuten soll. Denn an der Rente ist vor allem eines sicher: Sie wird nicht reichen. Viele Deutsche werden nach ihrem Berufsleben wohl ihren Lebensstandard einschränken müssen.

Eines ist sicher: Die Rente wird nicht reichen.

Nach Schätzungen des Instituts der deutschen Wirtschaft Köln legt die Hälfte der Haushalte, deren Hauptverdiener zwischen 1959 und 1973 geboren wurde, nicht genug für die Altersvorsorge zurück. Wer zu diesen Jahrgängen gehört und mit 65 Jahren in Rente gehen will, hat für ein sorgenfreies Alter 26.000 Euro zu wenig gespart.

Trotz dieser Tatsachen verschieben viele ihre Altersvorsorge auf später – ein Spiel mit dem Feuer. Zwar ist auch heute sicher, dass jeder sozialversicherungspflichtig beschäftigte Berufstätige einmal eine gesetzliche Rente erhält. Die großen Unbekannten sind allerdings der Zeitpunkt des Rentenbeginns und die Höhe der monatlichen Rente. Beide Größen haben sich in letzter Zeit nicht zugunsten der Bürger entwickelt. Deshalb ist es ratsam, so früh wie möglich privat vorzusorgen.

Staat im Rückzug

In den letzten Jahren gab es verschiedene Reformen, die negative Auswirkungen auf die persönliche Finanzsituation im Alter haben. Dazu zählt die Einführung der „Riester-

Rente", mit der das gesetzliche Rentenniveau um rund 3 Prozent sank, ebenso wie die Nullrunden in der gesetzlichen Rentenversicherung in den Jahren 2004 bis 2006. Diese beeinflussen nicht nur das Versorgungsniveau der heutigen Rentner – auch die jüngeren Generationen sind betroffen. So soll das Rentenniveau bis 2030 etwa um weitere 8 Prozentpunkte sinken. Zudem sind die gesetzlichen Renten seit 2005 stärker steuerlich belastet. Bis zum Jahr 2004 musste ein Rentner, der mit 60 Jahren seine erste Rente bezog, Steuern nur auf 32 Prozent seiner Einnahmen zahlen, bei Rentenbeginn mit 65 Jahren sogar nur auf 27 Prozent. Seit der schrittweisen Einführung der nachgelagerten Besteuerung von gesetzlichen Renten im Jahr 2005 steigt der steuerpflichtige Rentenanteil kontinuierlich. In Schritten von 2 Prozent erhöht er sich von 50 Prozent im Jahr 2005 bis auf 80 Prozent im Jahr 2020. Der steuerpflichtige Rentenanteil beträgt somit bei Rentenbeginn bis 2005 50 Prozent, bei Rentenbeginn 2006 52 Prozent usw. Ab 2021 wird die Steigerungsrate bei einem Prozent liegen, bis die Renten im Jahr 2040 zu 100 Prozent versteuert werden müssen.

Diese Änderungen reduzieren für viele Rentner die Höhe der verfügbaren Bezüge. Heute und in Zukunft. Ein Alleinstehender, der mit 65 in Rente ging und keine weiteren Einkünfte hatte, konnte 2004 noch eine jährliche Rente von bis zu 42.600 Euro ohne Steuerbelastung verbuchen. Bereits ein Jahr später mussten Rentner schon bei Renten von mehr als 18.900 Euro pro Jahr Steuern bezahlen. Darüber hinaus steigt das Standardrentenalter von derzeit 65 Jahren bis zum Jahr 2029 um zwei Jahre. Ab 1964 geborene Rentenversicherungspflichtige können erst mit 67 Jahren abschlagsfrei eine gesetzliche Altersrente beziehen. Die bisherige Regel gilt nur noch für Versicherte, die im Jahr 1946 oder früher geboren sind, und für Personen, die 45 Beitragsjahre in der gesetzlichen Rentenversicherung nachweisen können.

Riester reicht nicht

Der zunehmende Rückzug des Staates aus dem Bereich Altersvorsorge steigert den persönlichen Vorsorgebedarf erheblich. „Wer nicht privat vorsorgt, läuft Gefahr, im Alter nicht über ausreichende Mittel zu verfügen, um seinen aktuellen Lebensstandard halten zu können", teilte das Bundesministerium der Finanzen bereits im Jahr 2003 in einem Monatsbericht mit. Die gute Nachricht: Als Konsequenz aus den Reformmaßnahmen zur Stabilisierung der gesetzlichen Rentenversicherung auf niedrigerem Niveau fördert der Staat verschiedene Formen der persönlichen Altersvorsorge durch Zulagen oder Steuervorteile. Neben der Riester-Rente gilt das auch für die Rürup-Rente und die betriebliche Altersvorsorge.

Allerdings reichen die staatlich geförderten Produkte aus Sicht der Experten in der Regel nicht, um die bestehende Versorgungslücke zu schließen. Bei den meisten sind weitere Maßnahmen zum Vermögensaufbau erforderlich. Die Zahl der Möglichkeiten ist dabei nahezu unbegrenzt. Geldinstitute bieten mit Banksparplänen, Investmentfonds, privaten Rentenversicherungen oder Produkten zum Erwerb von Wohneigentum zahlreiche Lösungen, die an die individuellen Wünsche, die jeweilige Finanzsituation und den persönlichen Bedarf angepasst werden können.

Unterschätzte Kompetenz – Frauen sind die besseren Anleger

Angesichts der vielen niederschmetternden Studienergebnisse im Zusammenhang mit Frauen und dem Thema Finanzen könnten Frauen fast dazu neigen, den Kopf hängen zu lassen. Doch dafür gibt es keinen Grund. Obgleich Frauen weniger verdienen, geringere Rentenansprüche haben, sich seltener mit dem Thema Finanzen auseinandersetzen und nicht zuletzt auch weniger darüber wissen – es gibt Hoffnung. So belegen Untersuchungen aus aller Welt regelmäßig, dass es eigentlich die Frauen sind, bei denen das Geld in guten Händen ist. Wissenschaftler der University of California fanden während einer sechsjährigen Beobachtung von 35 000 Depots heraus, dass von Frauen geführte Depots im Durchschnitt 1,4 Prozent mehr Rendite abwerfen als die von Männern. Ähnlich gut wie bei den privaten Depots schneiden Frauen beim professionellen Finanzmanagement ab.

Vorsicht ist besser als übersteigertes Selbstvertrauen Das eigentlich Interessante ist, warum Frauen die Männer bei der Geldanlage auf die Plätze verweisen. In einem Laborversuch wurde an der Eidgenössischen Technischen Hochschule in Zürich nachgewiesen, dass Frauen und Männer sich in ihrer Risikofreudigkeit nicht unterscheiden, wenn man ihnen die Gewinn- und Verlustwahrscheinlichkeiten genau präsentiert. Erst als das Risiko stieg, agierten Frauen erheblich vorsichtiger als die männlichen Kandidaten. Im Gegensatz zu dem, was Fachkreise „Overconfidence" nennen – ein übersteigertes Selbstvertrauen – und Männern oft bescheinigen, sind Frauen insgesamt und in Sachen Finanzen im Zweifelsfall lieber etwas vorsichtiger. Konkret heißt das, dass sie im Prinzip auf genau die richtigen Anlagestrategien setzen: Fühlen sie sich schlecht informiert, bleiben sie zurückhaltend und legen eher risikoarm an. Erst mit steigendem Kenntnisstand nimmt ihre Wagnisbereitschaft zu. Außerdem neigen sie

Männer haben oft ein übersteigertes Selbstvertrauen, Frauen handeln bedächtiger.

nicht zu waghalsigen Abenteuern und schnellen Investitionswechseln wie Männer. Diese meinen deutlich häufiger, Entwicklungen auf den Finanzmärkten vorhersehen zu können, und schichten auf der Jagd nach der optimalen Anlage ihre Depots immer wieder um. Wie alle und vor allem alle Laien liegen sie dabei auch gerne einmal gründlich daneben.

Nach Ansicht renommierter Psychologen ist Geld für Frauen mit den Themen Autonomie und Sicherheit verknüpft, während es bei Männern mehr für Macht und Kontrolle steht. Eine neue Studie einer österreichischen Bank ergab, dass Frauen hier auch deutlich zweckorientierter sind. Sie haben ein klares Ziel, eine Verwendung und wollen die ersparte Summe für die Realisierung eines Zukunftsprojektes verwenden. Die Vorsorge steht allerdings deutlich weniger im Vordergrund als bei der männlichen Spezies.

Aus den Geschlechterdifferenzen in der prinzipiellen Beziehung zu Geld leiten sich entsprechende Unterschiede bei der Investitionsstrategie ab: Männer haben verstärkt die ständige Vermehrung ihrer Gewinne im Blick, während Frauen eher ruhiger, bewusst und mit dem Augenmerk auf mögliche Gewinne UND Verluste agieren. Konkret bewegen sie sich damit häufiger in der Mitte. Riskante Anlagen mit hohen Renditechancen ziehen die Damenwelt ebenso wenig an wie die Möglichkeit, Verluste hinzunehmen und etwa eine Aktie mit einem Minus zu verkaufen, um einen weiteren Kursverlust zu verhindern.

Die Erfahrung von Beratern aus der Finanzwelt zeigt immer wieder: Wenn Frauen in die Thematik einsteigen, dann richtig. Sie informieren sich deutlich tiefgehender als Männer, ehe sie sich für ein Finanzprodukt entscheiden. Überzeugen lassen sie sich eher von sachlichen Analysen als von Argumenten, die auf die schnelle Begeisterung zielen. Und auch in der Folge gehen Frauen den Weg, den jeder Experte empfehlen würde. Sie setzen ihre einmal gewählte Strategie konsequent um. Das heißt zum Bei-

> **Wenn Frauen in die Thematik einsteigen, dann richtig.**

spiel, wenn Frauen sich ein Limit gesetzt und dieses erreicht haben, steigen sie aus und realisieren damit ihre Gewinne. Anders gestrickt ist auch hier das starke Geschlecht: Oft von dem Wunsch nach noch höheren Gewinnen getrieben, verwerfen sie ihre eigene Planung häufiger und verpassen damit eher den idealen Zeitpunkt für den Verkauf einer Aktie.

Auch wenn die zahlreichen Studien zu den geschlechterspezifischen Anlagestrategien und -erfolgen letztlich nur zu Pauschalurteilen führen, die naturgemäß weder jeder Frau noch jedem Mann gerecht werden können, so werfen sie doch ein Schlaglicht auf die Situation und zeigen die prinzipiellen Talente von Frauen in Sachen Geldanlage. Auf diese sollten sich vor allem die Frauen besinnen, die wegen fehlender Kenntnisse vor Investitionen zurückschrecken.

Auf eigenen Beinen stehen – aller Anfang ist schwer

Jeder möchte die Zeit nach einem erfüllten Erwerbsleben genießen und seinen gewohnten Lebensstandard erhalten. Den meisten ist klar, dass sie dafür rechtzeitig finanziell vorsorgen müssen. Das Problem ist, dass viele Frauen gar nicht genau wissen, ob ihre bisherige Vorsorge ausreicht und wo noch Versorgungslücken klaffen. Kurz: Alle reden über mögliche finanzielle Schieflagen im Alter, aber kaum einer rechnet für sich präzise nach. Kein Wunder, denn der Aufwand ist erheblich: Um zu einer realistischen Einschätzung zu gelangen, müssen Rentenansprüche, Immobilienbesitz und alle privaten Geldanlagen einbezogen werden. Doch hier ist guter Rat oft gar nicht so teuer. Immer mehr Banken und Versicherungen entwickeln spezielle Instrumente, um die individuelle Versorgungssituation ihrer Kunden zu analysieren und diesen den Weg durchs Dickicht des Vorsorgedschungels zu weisen. Natürlich mit dem Hintergedanken, die eigenen Finanzprodukte an die Frau zu bringen. Davon sollte man sich jedoch nicht abschrecken lassen – die Entscheidung trifft jede Frau selbst und eine kostenlose Analyse der eigenen Situation schadet im Hinblick auf den Vermögensaufbau und die Altersvorsorge nicht. Auch wenn vielen bei einem solchen Kassensturz der Schreck in die Glieder fahren wird. Und ein bisschen Sorge kann durchaus als Motivationsspritze zur Auseinandersetzung mit dem Vermögensaufbau dienen.

Beim Kassensturz fährt vielen der Schreck in die Glieder.

Licht ins Vorsorgedunkel

Der Vorteil der beschriebenen Softwarelösungen diverser Finanzdienstleister liegt darin, dass sie meist das Expertenwissen aus allen Bereichen der Branche bündeln. Ein zentrales Qualitätsmerkmal, da sich die Altersvorsorge in der Regel aus verschiedenen Bausteinen zusammensetzt: Dazu zählen unter anderem die gesetzliche Rentenversicherung, Banksparverträge, Wohneigentum, Lebensversicherungen oder Fondsanlagen. Versicherte der gesetzlichen Rentenversicherung erhalten einmal jährlich die Renteninformation über bisher erworbene Rentenansprüche und ihre voraussichtliche Rente. Außerdem werden sie regelmäßig von ihrer Bank, von Versicherungs-, Fondsunternehmen oder ihrer Bausparkasse über aktuelle Guthaben, Kontostände und teilweise auch Entwicklungsprognosen informiert.

All diese Informationen sollten in eine hochwertige Bestandsaufnahme einfließen – von den privaten Altersvorsorgeverträgen über die gesetzliche Rente und die betriebliche Altersvorsorge bis hin zu einer eventuell vorhandenen Mietersparnis oder Mieteinnahmen. Sind diese Ergebnisse zusammengefasst, können für die monatlichen Auszahlungsbeträge im Alter verschiedene Hochrechnungsszenarien erstellt werden. Meist sind das eine ausgewogene, eine optimistische und eine vorsichtige Wertentwicklung.

Eine einfache Rechnung: Wunscheinkommen – bestehende Vorsorgemaßnahmen = Versorgungslücke

Nachdem so alle Karten auf dem Tisch liegen, sollten Frauen ihre persönlichen Wünsche und Versorgungsziele analysieren und klären, welches Einkommen dafür erforderlich ist. Aus diesem Wunscheinkommen und den bereits getroffenen Vorsorgemaßnahmen ergibt sich die mögliche Versorgungslücke, die dann gezielt mit den passenden Finanzprodukten geschlossen werden kann.

Dafür steht eine breite Palette an Vorsorgelösungen zur Verfügung. Zu den Basisbausteinen zählen etwa Bank- und Fondssparpläne, Lebens- und Rentenversicherung sowie staatlich geförderte Altersvorsorgeprodukte wie die Riester- oder die Rürup-Rente. Darüber hinaus gibt es zahlreiche Anlageformen, die dem langfristigen Vermögensaufbau dienen. So können etwa Bausparverträge helfen, über Wohneigentum zur Altersvorsorge beizutragen.

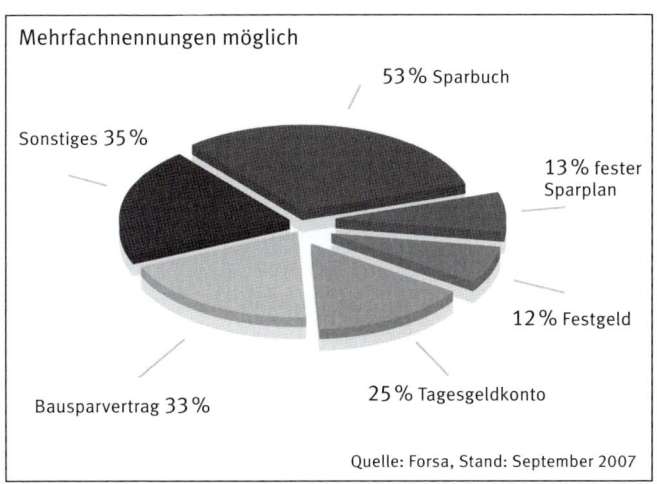

Mehrfachnennungen möglich

53 % Sparbuch

Sonstiges 35 %

13 % fester Sparplan

12 % Festgeld

Bausparvertrag 33 %

25 % Tagesgeldkonto

Quelle: Forsa, Stand: September 2007

Aktuelle Geldanlagen in Deutschland

Nur verschiede Spezialisten bilden eine Erfolgsmannschaft

Nach einer solchen Analyse ist es mit einer einmaligen Aktion nicht getan. Nicht zuletzt ist die Geldanlage auch eine Altersfrage. Und das Alter ändert sich naturgemäß bei allen. So sah etwa die fast schon sprichwörtliche Oma, die seiner-

> **Man sollte auf keinen Fall alles auf eine Karte setzen.**

zeit ihr gesamtes Kapital in die „Volksaktie" der Telekom gesteckt hat, am Ende des Tages beziehungsweise des Booms ziemlich alt aus. Wer zwei Grundregeln beachtet, kann solche Katastrophen jedoch vermeiden. Erstens: Nie alles auf eine Karte setzen. Zweitens: Je älter die Anlegerin, desto sorgsamer, das heißt risikoärmer sollte sie mit dem bereits Ersparten umgehen.

Dranbleiben So wie es nicht das eine ultimative Kleid oder die eine immer passende und auf ewig haltbare Handtasche gibt, so sollte sich jede Anlagewillige von dem Gedanken verabschieden, das eine Finanzprodukt zu finden, dort ihr Geld zu investieren und für immer Ruhe zu haben. So wie sich die persönlichen Bedürfnisse und das verfügbare Kapital ändern, so unterliegen auch die Kapitalmärkte Schwankungen, so kommen neue Finanzprodukte auf den Markt und die Gesetze ändern sich. Beim Vermögensaufbau heißt es also prinzipiell: Dranbleiben! Das bedeutet nicht unbedingt, dass sich Frauen täglich um ihre Anlagen kümmern. Es gibt durchaus Anlageformen, die einmal abgeschlossen von selbst weiterlaufen. Allerdings sollten zumindest die Gesamtstrategie und die großen Entwicklungen immer im Blick bleiben.

Zwar hat jede gute Hausfrau ein paar Standardgerichte, die sie immer wieder zur Freude ihrer Lieben kocht – würde sie diese aber jede Woche servieren und nie etwas Neues ausprobieren, wäre der Erfolg sicher überschaubar. Alles Neue muss man jedoch auf die Tauglichkeit für die eigenen Anlageziele überprüfen. Oder um beim Beispiel Kochen zu bleiben: Wenn die

Mögen die Kinder keinen Fisch, ist Sushi die falsche Wahl für das Familienmittagessen.

Kinder keinen Fisch mögen, ist Sushi für den Familienmittagstisch ungeeignet – auch wenn es noch so angesagt ist.

Global denken Wie beim Kochen ist auch beim Vermögensaufbau der Blick über den Tellerrand wichtig: So wie es nicht nur deutsche Hausmannskost gibt und internationale Einflüsse jede Speisekarte bereichern, so gibt es auch nicht nur heimische Geldanlagen. Gerade in Zeiten der Globalisierung ist es verwunderlich, dass in Deutschland bei der Vermögensanlage oft noch immer allein der heimische Markt im Brennpunkt des Interesses steht. Andere Länder und Regionen werden vielfach nahezu sträflich vernachlässigt. Ebenso wird durch den Rückgriff auf etablierte und damit vermeintlich bewährte Finanzprodukte oft die Effizienz der Vermögensanlage bei der Auswahl zu wenig berücksichtigt. Sonst wäre kaum verständlich, dass manche hochkomplexen Strategien und Konstruktionen mit vergleichsweise bescheidenen Renditen Jahr für Jahr erhebliche Zuflüsse verzeichnen können. Komplex heißt aber nicht immer gut. Entscheidend ist, welches Ziel Anleger mit dem eingesetzten Kapital verfolgen. Sind es eher kurzfristige Ziele wie Sparen auf ein Auto oder aber langfristig motivierte Ziele wie Vermögensaufbau für

die Altersvorsorge? In Abhängigkeit davon muss ein Risiko-
niveau definiert und die individuell beste Vermögensauftei-
lung gewählt werden. Diese nennt der Fachmann Asset Allo-
cation. Sie ist in allererster Linie für
eine langfristig überdurchschnittliche
Rendite verantwortlich. Denn jede
Form der Geldanlage hat ihre starken

**Geldanlagen sind
so unterschiedlich
wie Handtaschen.**

und ihre schwachen Seiten – oder um auf die Handtaschen
zurückzukommen: In die eine passt viel hinein, die andere
ist elegant, die eine absolut im Trend, die andere ein Klassiker, an dem man Jahre Freude hat, die eine ist schwarz und
passt zu allem, die andere rundet das helle Frühlingsoutfit
harmonisch ab.

Finanz-Fußball Beim Vermögensaufbau kommt es darauf an,
die Gelder nach Möglichkeit breit zu streuen – auf Diversifikation, wie es im Fachjargon heißt.
Das bedeutet auch: weltweit anlegen!
Am Beispiel einer Fußballmannschaft
lässt sich das verdeutlichen. Im Tor
steht ein Geldmarktfonds als risiko-
ärmste Form der Anlage, die beiden

**Im Tor der Geldmarkt-
fonds, vor der Abwehr
Rohstoffe global, im
linken Mittelfeld
europäische Aktien.**

Innenverteidiger sind Staatsanleihen Europa und Renten
Kurzläufer Europa. Die beiden Positionen der Außenverteidi-
ger werden besetzt durch Wandelanleihen Europa und Staatsanleihen aus Schwellenländern. Vor der Abwehr spielen Rohstoffe global, im linken Mittelfeld europäische Aktien, im
rechten welche aus den USA. Hinter den Spitzen Aktien Japan
und im Sturm Aktien Asien ohne Japan und Aktien Schwellen-
länder. Dieses Team funktioniert allerdings nur, wenn die

einzelnen Spieler richtig zu einer Mannschaft kombiniert werden. Und jedem Fußball-Laien ist klar, dass man einen tollen Torwart nicht im Sturm aufstellt, wenn die Mannschaft gewinnen soll. So sieht es auch bei der Geldanlage aus – auch hier gibt es für die unterschiedlichsten Ziele Spezialisten. Die sollten Anleger unabhängig voneinander auswählen. Im Klartext heißt das: Nicht nur auf ein Finanzprodukt setzen, nicht nur mit einem Anbieter sprechen. Sucht man zum Beispiel aus den unzähligen Fondsgesellschaften die für das jeweilige Segment am besten geeignete, nennt man diese Strategie „Multi-Manager-Ansatz". Ihr Vorteil: Das Risiko verteilt sich auf mehrere Köpfe, Ansätze und Philosophien.

Hilfe in Sicht

Expertenwissen nutzen Auch für Frauen, die sich schon intensiver mit dem Thema Vermögensaufbau auseinandergesetzt haben, die sich mit Aktien-, Fondskursen und Leistungsbilanzen auskennen, die wissen, was „Agio", „Benchmark" und „Thesaurierung" bedeuten, bleibt die Finanzwelt unüberschaubar. Soweit die schlechte Nachricht. Die gute: Es ist gar nicht nötig, dass die Anlegerin in allen Bereichen tagesaktuell alles weiß. Schließlich gibt es für jeden Bereich bei unabhängigen Finanzberatern, Geldinstituten oder Versicherungen Experten, die auf das gebündelte Wissen großer Recherche- und Fachabteilungen zugreifen können. Anlagewillige sind gut beraten, dieses Wissen zu nutzen und sich vor der Entscheidung für Aktien, Sparpläne, Versicherungen oder Fonds ausgiebig beraten zu lassen. Je mehr sie dabei selbst von der Materie verstehen, desto besser können sie das

Wissen der Fachleute nutzen und desto weniger sind sie gefährdet, sich ein X für ein U vormachen bzw. ein ungeeignetes Produkt aufschwatzen zu lassen.

Im Gespräch mit den Experten sollte zunächst versucht werden, die Risikobereitschaft der Anlegerin zu konkretisieren. Danach wird die Risikotragfähigkeit ermittelt – kann eine 35-jährige Mutter von zwei Kindern tatsächlich den gleichen risikoreichen Fonds für 15.000 Euro tragen wie ein Single ohne Verpflichtungen? Zusätzlich sollte im Gespräch analysiert werden, wie das Vermögen der Anlegerin strukturiert ist. Welches Ziel verfolgt sie? Will sie eine Hypothek tilgen, sich eine Weltreise leisten können oder Altersvorsorge betreiben? Wer sich über diese Fragen bereits im Vorfeld Gedanken macht, kann den optimalen Nutzen aus dem Gespräch ziehen. Dabei gilt auch zu beachten, dass es bei den meisten Geldinstituten Berater gibt, die sich auf bestimmte Themen wie etwa Fonds spezialisiert haben. Wer also bereits eine Vorstellung davon hat, in welche Richtung seine Investition gehen soll, kann gleich einen Termin mit dem Experten vereinbaren. Die Ergebnisse des Gesprächs werten viele Anbieter mit Hilfe eines Computerprogramms aus, das eine Empfehlung ausspuckt – bei Abertausenden von Anlagemöglichkeiten eine durchaus sinnvolle Sache. Natürlich sollte keine Frau diese Empfehlung blind annehmen, sondern mit dem Experten diskutieren und sich dann mit einer überschaubaren Auswahl verschiedener Instrumente selbst intensiv auseinandersetzen.

Wissen statt Intuition

Eine Frage des Typs – der Weg zur passenden Geldanlage

Sind Sie ein Winter- oder eher ein Herbsttyp? Die meisten Frauen können diese Frage beantworten oder wissen zumindest intuitiv, welche Farben ihnen stehen, ob sie sich in Jeans wohler fühlen oder im kleinen Schwarzen. Auch bei der Geldanlage ist die Typfrage entscheidend. Deshalb sollte Sie am Anfang des Vermögensaufbaus beantwortet werden – ehrlich und realistisch. So wie Frauen bei der Kleiderfrage überlegen, was ihnen gefällt, zu welchem Anlass etwas passen soll, was es kosten darf und welche Größe die richtige ist, gibt es auch bei der Frage nach dem Anlagetyp bestimmte Kriterien, die den Weg zur richtigen Geldanlageform weisen. Der Anlagetyp beschreibt, welche Einstellung der Einzelne bei der Geldanlage hat. Auch wenn für jeden auf lange Sicht eine Mischung aus sicherheitsorientierten und risikoreicheren Anlageformen sinnvoll ist und allgemein gilt, dass jede Frau mit zunehmendem Alter tendenziell von risikoreichen in sicherheitsorientierte Anlagen umschichten sollte, ist es vor der Entscheidung für ein bestimmtes Finanzprodukt wichtig, zu wissen, wie man „tickt". Die richtige Geldanlage sorgt nämlich nicht nur für Renditen, sondern verhindert auch schlaflose Nächte.

Im Zentrum steht dabei die Frage nach der Risikobereitschaft. Auch wenn jeder Mensch verschieden ist und sich auch bei der Geldanlage nicht 100-prozentig in eine Schublade stecken lässt, lassen sich doch grundsätzlich verschiedene Anlagetypen unterscheiden (siehe Kasten).

||| **Welcher Anlagetyp sind Sie?**

Machen Sie diesen kleinen Test und Sie erfahren, wie risikofreudig Sie sind.

Das könnte von mir sein:

Kleinvieh macht auch Mist.	A
Wer nicht wagt, der nicht gewinnt.	C
Vorsicht ist die Mutter der Porzellankiste.	B
Ein Spiel dauert 90 Minuten.	D

Das würden andere über mich sagen:

Wenn die Gewinnchancen gut stehen, geht sie schon mal ein Risiko ein.	C
Für sie ist vieles ein Spiel, Risiken sind Nervenkitzel.	D
Der Erhalt dessen, was sie sich geschaffen hat, steht für sie an oberster Stelle.	A
Neue Wege beschreitet sie gerne – aber nie auf Kosten des Bestehenden.	B

Ein Verlust ...

... ist erträglich, wenn er überschaubar ist. Im Zweifel würde ich aber mit Verlust verkaufen, um wieder ruhig schlafen zu können.	B
... ist für mich eine Horrorvorstellung.	A
... bringt mich nicht gleich aus der Ruhe – auch wenn er hoch ist. Die Verlustphase sollte aber nicht allzu lange dauern.	C
... gehört zum Leben. Ich weiß, was ich tue, und am Ende wird sich alles zum Guten wenden.	D

Auswertung

Überwiegend A: Der sicherheitsorientierte Typ

Sie müssen zwar längerfristig nicht an Ihr Erspartes, können aber schon bei dem Gedanken an zwischenzeitliche Verluste nicht mehr ruhig schlafen? Dann sollten Sie bei der Geldanlage vor allem auf Sicherheit achten.

Überwiegend B: Der wachstumsorientierte Typ

Für eine höhere Rendite sind Sie auch bereit, ein gewisses Risiko einzugehen? Wer im Zweifelsfall einen kleinen bis mittleren Kursverlust finanziell und psychisch verschmerzen kann, darf sich zu den wachstumsorientierten Anlegern zählen.

Überwiegend C: Der risikobewusste Typ

Auch wenn die Verluste bei der Geldanlage zwischenzeitlich recht nennenswert sind, bleiben Sie entspannt? Wer nicht wagt, der nicht gewinnt, gilt für Sie auch bei der Geldanlage? Mit Fug und Recht können Sie von sich behaupten, ein risikobewusster Anlagetyp zu sein.

Überwiegend D: Der spekulative Typ

Für Sie zählt der Gewinn! Beziehungsweise die Rendite und die soll so hoch wie möglich ausfallen. Dafür nehmen Sie auch längere Verlustphasen in Kauf. Die hohe persönliche Risikobereitschaft setzt auch voraus, dass die persönliche Finanzsituation es erlaubt, abzuwarten, bis sich Verluste wieder ausgleichen.

Die Frage des persönlichen Anlagetyps ist bei der Entscheidung für oder gegen ein Produkt von entscheidender Bedeutung. Der sicherheitsorientierten Anlegerin bietet ein hoch spekulatives Papier auf Dauer trotz aller möglichen Gewinne wahrscheinlich vor allem eines: schlaflose Nächte. Wer hingegen bei vollem Risiko die maximale Rendite für sein Kapital anstrebt, wird mit einem Bundesschatzbrief wahrscheinlich kaum zufrieden sein. Neben der prinzipiellen Typfrage ist vor allem das Investitionsziel wichtig. Frauen, die mit dem Vermögen, das sie aufbauen wollen, im Alter ihren Lebensunterhalt bestreiten müssen, sollten mehr auf Sicherheit setzten als Damen, denen das Geld einen Extra-Urlaub oder ein schickes Auto ermöglichen soll. Für alle Typen und alle Ziele gilt: Sie sollten die wichtigsten Anlagemöglichkeiten kennen. Diese werden im Folgenden vorgestellt.

Lauter Frauenparkplätze? Sparbuch, Festgeld und Geldmarktfonds

||| Schnell verfügbar, wenig Zinsen: Das Sparbuch und seine Brüder

Sparbuch Die Zinsgutschrift erfolgt am Ende eines Kalenderjahres oder bei Schließung des Kontos. Der Zinssatz auf die Spareinlagen ist variabel gestaltet, er kann aber auch für einen gewissen Zeitraum festgeschrieben werden. Während dieser Laufzeit ist im Regelfall keine Verfügung über die Spareinlage möglich. Als sogenanntes Inhaberpapier hat das Sparbuch ein spezielles Sicherheitsproblem: Jeder, der im Besitz des Büchleins ist, kann das Geld abheben.

▶

Festgeld Kurz- oder mittelfristige Geldanlage, die für mindestens 30 Tage auf einem sogenannten Termingeldkonto angelegt wird. Dies bringt in der Regel etwas höhere Zinsen als das normale Tagesgeldkonto. Die Höhe der Zinsen orientiert sich an der Anlagedauer, der Anlagesumme und der Marktsituation. Bei diesen Termingeldkonten sind die Zinsen für einen festgelegten Betrag und eine genau definierte Laufzeit fest vereinbart. Erst nach dem Ablauf der vereinbarten Zeit können Anleger über ihr Geld und die erzielten Zinsen frei verfügen. Das bedeutet: Das Geld liegt wirklich fest! Wer vorzeitig an sein Geld will, büßt in der Regel die kompletten Zinsen ein.

Tagesgeld Täglich kündbare Geldanlage auf einem Verrechnungskonto. Das angelegte Geld sowie die angefallenen Zinsen stehen bei einem vergleichsweise guten Zinssatz täglich zur Verfügung. Vor allem Onlinebanken bieten hier häufig gute Konditionen. Im Gegensatz zu Festgeldkonten sind Anleger bei Tagesgeldkonten von Schwankungen des sogenannten Referenzzinses (Euribor) direkt betroffen: Steigen die Marktzinsen, steigen auch die Zinssätze auf dem Tagesgeldkonto. Im umgekehrten Fall sinken die Zinssätze sofort.

Das gute alte Sparbuch Es ist nach wie vor der Deutschen liebstes Kind: das Sparbuch. Schon seit den 1930er-Jahren bieten alle Banken ihren Kunden die Möglichkeit, Erspartes nicht unter die Matratze, sondern in eines der kleinen Büchlein zu stecken. Rund 500 Milliarden Euro haben die Bundesbürger im Laufe der Jahre auf diese Art gespart. Doch warum ist das Sparbuch so beliebt? Ihr erstes Sparbuch haben die meisten bereits von Oma und Opa zur Geburt bekommen, das Taschengeld wanderte, wenn nach dem Kauf von Brausebonbons und Duftbleistiften noch etwas übrig blieb, aufs Schülersparbuch, und zur Konfirmation legte der Patenonkel

Was vom Taschengeld nicht für Brausebonbons und Duftbleistifte draufging, wanderte aufs Schülersparbuch.

noch eines „für später" an. Im Laufe eines Lebens kommt so eine ganze Kollektion verschiedener Sparbücher zusammen, auf denen kleine und größere Beträge recht überschaubare Zinsen abwerfen. Sicher spielt hier die Gewohnheit eine große Rolle. Bleibt etwas Geld übrig, wandert es aufs Sparbuch – auch weil dieses schon in der Schublade liegt und keine großen Überlegungen erforderlich sind. Außerdem haftet dem Sparbuch in Zeiten von Finanzmarktkrisen und allgemeinen Unsicherheiten die Aura des Sicheren an.

Nachsehen durch Vorsicht – Frauen setzen auf Bewährtes

Hier zeigt sich auch eines der weiblichen Grundprobleme bei der Geldanlage: Frauen legen ihr Geld vorsichtiger an als Männer, erzielen dabei geringere Renditen und sind dadurch im Ruhestand schlechter versorgt. So ergab der Fidelity Renten- und Alterssicherungs-Index 2007, dass Frauen mit sämtlichen getroffenen Vorsorgemaßnahmen nach Renteneintritt 53 Prozent ihres letzten Brutto-Haushaltseinkommens erreichen, wenn ihnen die Haushaltskasse untersteht. Entscheiden dagegen Männer über die Finanzen, werden im Alter 59 Prozent des letzten Brutto-Haushaltseinkommens erreicht. Das klingt wenig spektakulär, macht aber bei einem Einkommen von 2.500 Euro einen Unterschied von 150 Euro – jeden Monat.

Produktbesitz nach Geschlecht:
Welche Produkte besitzen Sie speziell für die Altersvorsorge?

Produkt	Männlich	Weiblich
(Mehrfachnennungen möglich)		
Klassische Kapitallebensversicherung	45 %	46 %
Eigenheim	32 %	31 %
Klassische Rentenversicherung	29 %	27 %
Bausparen	28 %	29 %
Sparbuch	24 %	27 %
Riester-Rente	20 %	19 %
Betriebsrente	17 %	17 %
Fondsgebundene Lebensversicherung	14 %	10 %
Investmentfonds	13 %	11 %
Wertpapierdepot	12 %	7 %
Vermietete Immobilie	11 %	7 %
Fondsgebundene Rentenversicherung	10 %	8 %
Banksparpläne	9 %	10 %
Geschlossene Fonds	3 %	1 %
Rürup-Rente	1 %	1 %

Quelle: Fidelity International, 2007. Befragt wurde eine repräsentative Gruppe von 2010 Erwerbstätigen im Alter zwischen 20 und 65 Jahren (Haushaltsbasis).

Zumindest die erwerbstätigen Frauen sorgen fast ebenso häufig privat und betrieblich vor wie Männer. Nur 6 Prozent von ihnen (Männer: 5 Prozent) vertrauen ausschließlich auf die gesetzliche Rente. Dennoch müssen Frauen im Ruhestand mit weniger Geld auskommen. Sie konzentrieren sich häufiger als Männer auf niedrig verzinste, sicherheitsorientierte Geldanlagen wie etwa das Sparbuch. Stärker chancenorientierte Finanzprodukte sind dagegen bei Frauen seltener zu finden.

Vermögensaufbau: Fehlanzeige Das defensive Anlageverhalten verschärft die finanziellen Nachteile, die Frauen durch Berufspausen ohnehin erleiden. Auch wenn das Sparbuch bequem ist und zu den sicheren Geldanlagen zählt – ratsam ist diese Geldanlage allenfalls für den Notgroschen: für Geld, das kurzfristig zur Verfügung stehen muss. In der Regel haben Sparbücher eine dreimonatige Kündigungsfrist. Jeden Monat können 2.000 Euro abgehoben werden. Bei höheren Abhebungen ist die Bank berechtigt, sogenannte Vorschusszinsen als Ersatz für die verlorene Anlagezeit zu verlangen. Zum Vermögensaufbau ist das Sparbuch ebenso ungeeignet wie als Polster für große Anschaffungen, da Renditen verschenkt werden und die Flexibilität eingeschränkt ist. Fazit: Weg mit dem Sparbuch, zumindest wenn Sie ein Vermögen aufbauen wollen!

Nur für den Notfall: Fest- und Tagesgeldkonten

Dasselbe gilt auch für die modernen Brüder des Sparbuchs: Fest- und Tagesgeldkonten. Auch diese bieten zwar ein Maximum an Sicherheit und höhere Zinsen als das gemeine Giro-konto, sind aber im Vergleich mit anderen Anlageformen für den Vermögensaufbau denkbar ungeeignet. Prinzipiell sollten diese Geldanlagen nur für den Notgroschen oder als Zwischenstation etwa vor der Entscheidung für eine andere Geldanlage ausgewählt werden. Mehr als zwei bis drei Nettogehälter auf ihnen zu lagern, ist wegen der niedrigen Zinsen Unsinn. Die niedrigen Zinsen sind der Preis für die hohe Liquidität, also die schnelle und problemlose Verfügbarkeit des Geldes.

Neuerdings an Glanz verloren: Geldmarktfonds

Geldmarktfonds sind erst seit 1994 zugelassen. Sie gehören zwar zur Gruppe der Investmentfonds, haben aber einige Besonderheiten. Geldmarktfonds investieren oft ausschließlich, zumindest aber überwiegend in sogenannte Geldmarkttitel und liquide Papiere mit sehr kurzen Laufzeiten. Dahinter verbergen sich zum Beispiel Termingelder, Schuldscheindarlehen, Bankguthaben und Anleihen mit kurzer Laufzeit. Auch sogenannte Geldmarktpapiere, etwa Finanzierungsschätze des Bundes, kaufen die Fonds nur, wenn sie innerhalb eines Jahres zurückgezahlt werden. Eine Veränderung der Leitzinsen durch die Europäische Zentralbank beeinflusst die Wertentwicklung der Geldmarktfonds relativ schnell. Für Privatanleger sind die Geldmarktfonds die einzige Möglichkeit, an Zinspapiere mit einer Restlaufzeit von weniger als zwölf Monaten und andere Geldmarkttitel zu gelangen. Und die Renditen am Geldmarkt von Banken und anderen institutionellen Anlegern sind prinzipiell attraktiv. Die Wertentwicklung der Geldmarktfonds-Anteile ist an das aktuelle Zinsniveau am Geldmarkt gekoppelt und bietet eine kontinuierliche Wertentwicklung ohne die Schwankungen, die bei Aktien und anderen Wertpapieren üblich sind.

Vergleich von Geldmarktfonds und Tagesgeld

	Geldmarktfonds	Tagesgeld
Geeignet für	■ kurzfristige Anlagen von 2–12 Monaten und zum Parken von Geldern zwischen größeren Investments ■ Anlegerinnen, die bereits ein Wertpapierdepot besitzen oder ein kostenloses Wertpapierdepot eröffnen können	■ kurzfristige Anlagen von 2–12 Monaten und zum Parken von Geldern zwischen größeren Investments ■ Anlegerinnen, die weniger als die bei den meisten Geldmarktfonds erforderliche Mindestsumme investieren möchten
Vorteile	■ Möglichkeit höherer Renditen ■ Tägliche Verfügbarkeit ■ Anlagesumme ist nicht begrenzt	■ Kein Ausgabeaufschlag ■ Verwaltungskosten fallen nicht an ■ Kein Verlustrisiko
Nachteile	■ Es besteht ein Verlustrisiko in geringem Umfang	■ In der Regel etwas geringere Rendite

	Geldmarktfonds	Tagesgeld
Nachteile *(Fortsetzung)*	■ Ausgabeaufschläge und Verwaltungskosten schmälern den Ertrag	■ Zinsänderungen können die Rendite negativ beeinflussen ■ Teilweise müssen Kündigungsfristen eingehalten werden

Reine Geldmarktfonds und geldmarktnahe Fonds Anleger, die Gelder kurzfristig parken wollen (etwa zur Überbrückung zweier Investments), bekommen durch die Anlage in einem Geldmarktfonds oft höhere Zinsen als bei der Anlage auf dem Sparbuch. Außerdem verlangen die Investmentgesellschaften beim Kauf eines Geldmarktfonds in der Regel keine Gebühren. Dabei sind Renditen zwischen 4 und 5 Prozent möglich. Die Branche hält prinzipiell zwei Fondsvarianten für kurzfristig orientierte Anleger bereit: Reine Geldmarktfonds, bei denen in aller Regel kein Ausgabeaufschlag erhoben wird, und geldmarktnahe Rentenfonds. Das Prinzip ist dasselbe: Geldmarktfonds legen das Kapital auf Terminkonten von längstens zwölf Monaten an. Wegen der in Summe millionenschweren Beträge erhalten die Fonds einen erheblich höheren Zinssatz als Privatkunden, die beispielsweise 25.000 Euro bei ihrer Bank anlegen. Das Anlagespektrum der geldmarktnahen Fonds reicht etwas weiter als das der reinen Geldmarktfonds. Sie investieren auch in festverzinsliche Wertpapiere mit einer Restlaufzeit bis zu drei Jahren. Damit bleibt das Kursrisiko immer noch begrenzt, denn es ist absehbar, wann der Schuldner seine Anleihe hundertprozentig tilgt.

Für kurzfristig geparktes Erspartes bietet der Geldmarkt in aller Regel die höchsten Zinssätze. Da auf dem Geldmarkt ausschließlich institutionelle Anleger, das heißt Banken, Versicherungsgesellschaften oder der Staat, zusammentreffen, erlauben es Geldmarktfonds den privaten Anlegern, sich auf diesem Markt indirekt zu engagieren. Geldmarktfonds bieten eine Rendite, die in der Regel höher ist als die der Tagesgeldkonten, haben jedoch aufgrund der Kurzfristigkeit der Verträge ebenfalls ein sehr geringes Risiko. Zusätzliche Vorteile: Die Fonds werden professionell gemanagt, was Anlegern im Vergleich mit Aktien die Auswahl einzelner Titel erspart. Ebenso wie Aktienanteile können die Fondsanteile an jedem Börsentag verkauft werden. Teilweise wird die Rendite jedoch durch Ausgabeaufschläge und Verwaltungsgebühren geschmälert. Ebenfalls ist ein nicht immer kostenfreies Depotkonto Voraussetzung. Manche der Fonds haben Mindestanlagesummen, sodass sie für kleine Geldbeträge nicht infrage kommen.

Aus all diesen Gründen galten die Geldmarktfonds über Jahre als bombensicheres Investment mit vergleichsweise hohen Renditen. Vorbei. Nicht zuletzt im Zuge der jüngsten Turbulenzen an den Kapitalmärkten hat sich gezeigt, dass auch hier nicht alles Gold ist, was glänzt. In den vergangenen Monaten haben die Geldmarktfonds im

Was heute attraktiv ist, kann morgen schon abgeschlagen sein.

Vergleich mit Tagesgeldkonten schlecht abgeschnitten. Ende Januar 2008 lagen mehr als 100 Milliarden Euro in Geldmarktfonds. Die Durchschnittsrendite lag bei vergleichsweise mageren 2,8 Prozent pro Jahr – erheblich weniger als die aktuellen Zinssätze auf manchem Tagesgeldkonto. Die Entwicklung zeigt, dass bei der Geldanlage dauerhafte Achtsamkeit geboten ist: Was heute attraktiv ist, kann morgen im Vergleich mit anderen Möglichkeiten den Kürzeren ziehen.

Nicht zu unterschätzen: das Marktrisiko Als Vorteil galt bis vor Kurzem, dass Anleger unmittelbar von Zinserhöhungen profitierten, während sie beim Tagesgeld auf das Wohlwollen der Banken angewiesen waren. Doch spätestens mit dem Ausbruch der Finanzkrise haben die Geldmarktfonds ihren Nimbus als sichere Parkstation fürs Bargeld eingebüßt. Denn was lange nur Theorie war, ist in jüngerer Zeit Realität geworden: das Marktrisiko der Geldmarktfonds. Durch die Turbulenzen an den Kreditmärkten haben viele der als unverwüstlich geltenden Papiere in den Portfolien (dem Wertpapierbestand) der Fondsmanager deutlich an Wert verloren. Als sicherer Hafen für Privatanleger hat sich die Produktklasse zumindest derzeit disqualifiziert. Als Alternative für kurzfristige Anlagen bleiben sicherheits- und renditeorientierten Sparerinnen also vor allem Tagesgeldkonten. Denn für Festgeld gibt es häufig nicht mehr, obwohl das Geld für ein Jahr blockiert ist.

Die Rente sichern – Riester, Rürup, Rentenversicherungen

Auch wenn es ungleich mehr Spaß macht, sich einen neuen Sportwagen zu kaufen oder eine Weltreise zu planen – zu den wichtigsten Zielen beim Aufbau eines eigenen Vermögens zählt die Vorsorge fürs Alter. Mit privaten Rentenversicherungen, Riester- und Rürup-Produkten sowie der betrieblichen Altersvorsorge gibt es Lösungen, die – nicht zuletzt durch die umfangreichen staatlichen Förderungen – speziell auf dieses Ziel zugeschnitten sind.

Private Rentenversicherungen schließen Vorsorgelücken

„Rente sich, wer kann!" Man mag die Parole, mit der für die private Altersvorsorge getrommelt wurde, lustig finden – über eine traurige Tatsache kann sie jedoch nicht hinwegtäuschen: Trotz gestiegener Beiträge zur staatlichen Rentenversicherung sinkt das Rentenniveau. Das liegt daran, dass das Modell umlagefinanziert ist, die Lebenserwartung steigt und die Geburtenraten sinken. Ein Blick auf wissenschaftliche Prognosen zeigt die zentralen Probleme der staatlichen Alterssicherung: Die durchschnittliche Bezugsdauer der Pension ist seit 1960 von 10,1 auf 16,0 Jahre gestiegen. Parallel ist die Geburtenrate von 17,4 Geburten pro 1 000 Einwohner auf 9,1 pro Jahr gesunken. Dieser Trend soll sich nach wissenschaftlichen Prognosen bis zum Jahr 2030 auf 6,1 Geburten pro 1 000 Einwohner fortsetzen. Das bedeutet, immer mehr Rentnern stehen künftig immer weniger Einzahler gegenüber. Das schafft kaum lösbare Probleme, da die staatliche Rentenversicherung im Gegensatz zur privaten kapitalgedeckten Altersvorsorge, in der die gezahlten Beiträge angelegt werden, umlagefinanziert ist. Umlagefinanziert heißt, die eingehenden Beiträge der Arbeitnehmer werden sofort an die Empfänger weitergegeben und erfahren somit keine Wertsteigerung.

Um ein böses Erwachen zu vermeiden, muss man frühzeitig vorsorgen, etwa mit einer privaten Rentenversicherung. Bei diesen Versicherungsverträgen werden Beiträge angespart und am Ende der Laufzeit als Leibrente wieder an den Versicherten ausgezahlt. Im Grunde ist die private Rentenversicherung eine Art Lebensversicherung. Allerdings wird nicht das Risiko eines zu frühen Todes (Versicherung auf den Todesfall) abgesichert, sondern das wirtschaftliche Risiko des zu langen Lebens – deshalb spricht man auch von einer Versicherung auf den Erlebensfall.

Versichert wird das Risiko eines zu langen Lebens.

Zwei Modelle Gängig sind zwei Vorsorgemodelle: die Rente mit Sofortbeginn und die sogenannte aufgeschobene Rente. Bei der ersten Variante wird einmalig eine bestimmte Summe eingezahlt, und sofort danach beginnt die Auszahlung in Raten – wie häufig gezahlt wird, regelt der Vertrag. Wer sich für die aufgeschobene Rente entscheidet, zahlt zunächst Beiträge oder eine einmalige Summe ein. Anschließend kann er festlegen, wann die Rentenzahlung beginnen soll. Sie kann mit dem Tod des Versicherungsnehmers enden oder aber eine Hinterbliebenenrente beinhalten – das muss allerdings bei Vertragsabschluss geregelt werden. Alternativ können Sparerinnen zum Rentenbeginn auch eine einmalige Auszahlung wählen.

Für wen geeignet? Diese Rentenformen eignen sich besonders für diejenigen, die Geld ansparen wollen, keine Hinterbliebenen haben und auch auf Todesfallschutz verzichten können. Dass kein Todesfallschutz übernommen wird, sondern das „Risiko" eines langen Lebens versichert wird, macht sich in Unterschieden beim Risikobeitrag gegenüber der Lebensversicherung bemerkbar. Risikobeiträge für zusätzliche Leistungen im Todesfall sind bei privaten Rentenversicherungen nicht in den Beiträgen enthalten. Die zusätzlichen Leistungen für Versicherte, die besonders lange leben, werden aus den eingesparten Renten vorzeitig Sterbender finanziert. Deren Beiträge werden quasi an die überlebenden Versicherten vererbt. Das bedeutet auch, dass Leibrentner nicht ihre gesamten Rentenzahlungen selbst finanzieren müssen und, wenn sie lange leben, wesentlich mehr zurückerhalten, als sie einbezahlt haben. Im Umkehrschluss erhalten natürlich diejenigen, die früh sterben, deutlich weniger, als sie bezahlt haben.

Und die Steuer? Die private Rentenversicherung beziehungsweise die Rentenzahlung muss mit dem sogenannten Ertragsanteil versteuert werden. Diese Versicherungen unterliegen auch ab 2009 nicht dem 25-prozentigen Steuerabzug durch die Abgeltungssteuer (siehe S. 138). Bei Frauen, die sich für einen privaten Rentenversicherungsvertrag entscheiden, der bei Vertragsende keine Kapitalabfindung, sondern eine lebenslange Leibrente zahlt, greift in der Auszahlungsphase die Ertragsanteilbesteuerung. Wie der Name vermuten lässt, interessiert sich der Fiskus für den Ertragsanteil der privaten Leibrente. Um diesen einzuschätzen, gilt die Faustregel: Je älter die Sparerin beim erstmaligen Bezug ihrer privaten Rente, desto günstiger ihre steuerliche Situation, da der Ertragsanteil dann vergleichsweise niedrig ausfällt. Wer seine Rente mit 65 oder 66 Jahren beginnt, hat einen Ertragsanteil von 18 Prozent. Startet die Rente erst mit 68 Jahren, sinkt der Ertragsanteil auf 16 Prozent.

In der Ansparphase werden die Beiträge nicht besteuert. Seit Januar 2005 sind die Prämien für eine private Rentenversicherung jedoch auch nicht mehr als Sonderausgaben absetzbar. Für Angestellte ist zusätzlich zu beachten: Zahlt der Arbeitnehmer einen Teil seines Gehaltes (maximal 2.496 Euro im Jahr ab 2005) in die Rentenversicherung als Direktversicherung, sind diese Beiträge steuerfrei. Wer Sonderzahlungen wie das Weihnachtsgeld nutzt, spart bis Ende 2008 die Sozialabgaben. Die Kapitalauszahlung einer Rentenversicherung wird seit Januar 2005 zu 100 Prozent besteuert. Beträgt die Versicherungsdauer mindestens zwölf Jahre und erfolgt die Auszahlung erst nach dem 60. Lebensjahr, wird der Ertragsanteil jedoch nur zu 50 Prozent besteuert. Zum Vergleich: Die Erträge aus seit 2005 abgeschlossenen Kapitallebensversicherungen werden bei Fälligkeit zur Hälfte besteuert, wenn sie nach dem 60. Lebensjahr und nach Ablauf von mindestens zwölf Jahren ausgezahlt werden.

Die relativ geringe Besteuerung der privaten Rentenversicherungen ist für Ruheständlerinnen auch deshalb wichtig, weil sie ihnen Spielraum für andere steuerfreie oder steuerarme Einnahmen lässt. Denn auch für Rentner gibt es einen Grundfreibetrag bei der Einkommensteuer, der vom Finanzamt nicht angetastet wird. Derzeit liegt der wie bei Arbeitnehmern bei 7.664 Euro pro Kalenderjahr.

Ein wesentlicher Unterschied der privaten Rentenversicherung zur Lebensversicherung auf den Todesfall ist die bei den gängigen Varianten grundsätzlich nicht erforderliche Gesundheitsprüfung. Der Gesundheitszustand ist für den Abschluss eines Vertrages unerheblich. Der Grund liegt auf der

Hand: Ein schlechter Gesundheitszustand mindert für das Versicherungsunternehmen das Risiko, dass der Leibrentner zu lange lebt.

||| **Mögliche Zusatzvereinbarungen bei privaten Rentenversicherungen**

Abgekürzte Leibrente Es kann vereinbart werden, dass die Leibrente nicht lebenslänglich, sondern nur bis zu einem bestimmten Zeitpunkt bezahlt wird.

Beitragsrückgewähr Sparerinnen können eine Erstattung der Beiträge bei Todesfall in der Aufschubzeit vereinbaren. Bei Todesfall in der Bezugsphase ist eine Erstattung der Beiträge abzüglich der bereits ausbezahlten Rente möglich. Solche Vereinbarungen reduzieren allerdings die Rentenhöhe. Weitere Formen des Todesfallschutzes sind möglich.

Hinterbliebenenschutz Es kann vereinbart werden, dass im Todesfall während der Aufschubzeit eine bestimmte Person eine (abgekürzte) Leibrente erhält. Auch dies reduziert die Rentenhöhe für die Versicherte.

Kapitalwahlrecht Bei aufgeschobenen Rentenversicherungen können für das Ende der Aufschubzeit statt der Leibrente auch einmalige Kapitalzahlungen vereinbart werden.

Rentengarantiezeit Es kann vereinbart werden, dass am Anfang der Auszahlungsphase für eine festgelegte Zeit keine Leibrente, sondern eine vom Überleben des Versicherten unabhängige Rente bezahlt wird.

Die Riester-Rakete

Die staatlich geförderte private Altersvorsorge ist nach dem früheren Bundesarbeitsminister Walter Riester benannt. Sie erfreut sich eines enormen Zulaufs und ein Ende ist nicht abzusehen. Sogar Riester selbst zeigte sich im Interview überrascht darüber, dass die Vertragsabschlüsse in den letzten Jahren so raketenhaft nach oben schossen.

Weiteren Auftrieb gibt der Riester-Rente die Erhöhung der Förderung seit Januar 2008. Für ab 2008 geborene Kinder steigt die staatliche Zulage von derzeit 185 auf 300 Euro. „Der Staat übernimmt bei einer Einverdiener-Familie mit 30.000 Euro Durchschnittsverdienst von den 1.200 Euro Sparbeitrag für die Zusatzrente bei der Geburt eines Kindes 608 Euro", heißt es aus dem Bundesministerium für Arbeit und Soziales. „Die Förderquote für die Familie steigt damit auf über 50 Prozent. Kommt später ein zweites Kind hinzu, klettert der Anteil der staatlichen Unterstützung sogar auf über 75 Prozent. Und dabei sind eventuell bereits vorhandene Kinder, für die es jeweils 185 Euro Zulage jährlich gibt, noch nicht berücksichtigt." Außerdem erhalten Zulageberechtigte unter 21 Jahren seit 2008 bei Abschluss eines geförderten zertifizierten Altersvorsorgevertrages eine Sonderzulage von einmalig 100 Euro.

Riester passt immer Die große Beliebtheit der Riester-Rente ist kein Zufall. Laut Stiftung Warentest ist sie als ergänzende Altersvorsorge die erste Wahl: „Sparer erhalten eine staatliche Förderung und die beste Rendite auf ihre Beiträge." Frauen, die etwas für ihre Altersvorsorge tun wollen, finden zu jedem Zeitpunkt ein geeignetes Riester-Produkt. Durch die Möglichkeit, aus unterschiedlichen Produkten zu wählen, passt der Riester-Vertrag für nahezu jede Lebensphase.

Wer einen Riester-Vertrag abschließt, hat die Wahl zwischen privater Rentenversicherung, Banksparplan und Investment-fonds-Vertrag. Letztere gelten als besonders attraktive Form der staatlich geförderten Rente. Marktführer ist hier mit weitem Abstand die UniProfiRente von Union Investment.

Fondsprodukte haben die Nase vorn Im Vergleich mit anderen Riester-Produkten überzeugen Fondsprodukte durch optimale Ertragschancen. Fonds können bis zu 100 Prozent in Aktien anlegen und dadurch langfristig eine bessere Rendite erzielen als Versicherungsprodukte und Banksparpläne. Das Anlagerisiko wird durch ein spezielles Programm abgesichert. Da bei allen Riester-Produkten die selbst eingezahlten Beiträge und Zulagen garantiert sind, ist das zentrale Unterscheidungskriterium die Rendite. Welche Renditen langfristig zu erzielen sind, zeigt eine Berechnung des Bundesverbands Investment und Asset Management (BVI): Ein in Deutschland anlegender Aktienfonds brachte über die letzten 30 Jahre nach Abzug aller Kosten durchschnittlich 9,5 Prozent p. a. Aus monatlich 100 Euro können so nach 30 Jahren gut 190.000 Euro werden. Erzielt man hingegen nur 6 Prozent jährlich, ist der Unterschied am Ende enorm: Der Anleger hätte hier nur rund 93.000 Euro zur Verfügung.

Gleichgültig für welche Form der Riester-Rente sich eine Frau entscheidet – Zulagen und Steuervorteile lohnen sich für Familien mit Kindern und Geringverdiener ebenso wie für Singles oder Angestellte mit hohem Gehalt. Das Wichtigste bleibt, überhaupt etwas für die private Altersvorsorge zu tun.

Rürup: Die Alternative für Selbstständige

Deutschland riestert – aber nicht jeder kann mitmachen. Nicht gefördert werden Selbstständige und Freiberufler. Auch Arbeitnehmer bestimmter Berufsgruppen, die in berufseigenen Vorsorgeeinrichtungen pflichtversichert sind, haben in der Regel keinen Anspruch auf die Riester-Förderung. Was können dann Frauen tun, die nicht riestern dürfen? Sie „rüruppen". Auf die erste staatlich geförderte Vorsorgeform, die Riester-Rente, die vorwiegend für Arbeitnehmer gedacht war, folgte im Jahr 2005 die Rürup-Rente für Selbstständige und Freiberufler, die nicht im gesetzlichen Rentensystem versichert sind und steuerbegünstigt für den Ruhestand vorsorgen wollen.

Die nach dem Ökonomen Bert Rürup benannte Rürup-Rente ist eine sogenannte private Basisrente. Sie basiert auf einem Rentenversicherungsvertrag und ist bei den Leistungskriterien und der steuerlichen Behandlung der gesetzlichen Rente vergleichbar. Allerdings ist die Rürup-Rente kapitalgedeckt und nicht wie die gesetzliche umlagefinanziert. Als Rürup-Anlagemöglichkeiten stehen vor allem Versicherungsprodukte zur Verfügung, nur vereinzelt gibt es auch Investmentfonds-Lösungen. Bei den Versicherungen gibt es entweder klassische oder fondsgebundene Rentenversicherungsprodukte. Bezieht man die lange Anlagedauer bei den Rürup-Verträgen und die besseren Renditechancen von Aktien in die Entscheidung mit ein, sind aus Expertensicht die Fonds-Policen attraktiver. Bei diesen Produkten dürfen mehr als die bei der klassischen Rentenversicherung gestatteten 30 Prozent des Anlagekapitals in Dividendentitel fließen. Allerdings besteht hier anders als bei den Riester-Verträgen auch ein erhöhtes Risiko: Beim Riester-Sparen sind vom Gesetzgeber die Garantie der eingezahlten Beiträge sowie die Zulagen zum Ende der Ansparphase festgelegt. Diesen Airbag haben die Rürup-Lösungen nicht.

Anders als bei privaten Rentenversicherungen können sich Frauen ihr Erspartes aus der Rürup-Rente zu Rentenbeginn nicht in einer Summe auszahlen lassen. Es besteht also, ähnlich wie bei den Riester-Verträgen, kein Kapitalwahlrecht, sondern ausschließlich die Möglichkeit einer lebenslangen Rentenzahlung. Anders als bei den Riester-Renten gibt es für Rürup-Verträge keine Zuschüsse vom Staat. Die Erträge bestehen aus der Verzinsung der Beiträge durch den jeweiligen Anbieter.

Rürup hat keinen Airbag: Das Risiko ist höher als bei Riester.

Nachgelagerte Besteuerung Das heißt jedoch nicht, dass Rürup-Sparerinnen nicht staatlich gefördert werden. Sie können nämlich ihre Beiträge steuerlich absetzen. Und das nicht zu knapp: So sind für Alleinstehende im Jahr 2008 66 Prozent der Rürup-Beiträge bis maximal 13.200 Euro abzugsfähig. Bei Ehepaaren sind es 26.400 Euro. Daraus ergibt sich, zum Beispiel bei einem Steuersatz von 42 Prozent plus Solidaritätszuschlag und Kirchensteuer, eine Steuerersparnis von knapp 12.600 Euro für Ehepaare und 6.300 Euro für Alleinstehende. Das zeigt, dass sich die Rürup-Förderung wegen der höheren Absetzbarkeit von Beiträgen für Gutverdiener auszahlen kann. Zumal der steuerfreie Beitragsanteil jedes Jahr um 2 Prozent steigt, bis auf 100 Prozent im Jahr 2025 bis zu einer Höhe von 20.000 Euro für Singles und

40.000 Euro für Verheiratete. Wegen der hohen Abzugsbeträge, die der Fiskus bei Rürup-Verträgen akzeptiert, ist diese Vorsorgeform in der Ansparphase vor allem für Selbstständige und Freiberufler, aber auch für gut verdienende Arbeitnehmer und Beamte eine interessante Alternative.

Allerdings müssen Frauen, die einen Rürup-Vertrag abschließen, die Steuervorteile in der Einzahlungsphase mit Steuernachteilen bei der Rentenzahlung erkaufen; im Behördendeutsch heißt das „nachgelagerte Besteuerung". Bei der Auszahlung nämlich werden Anteile der Rente besteuert: von 50 Prozent im Jahr 2005 bis 100 Prozent im Jahr 2040. Werden die Einnahmen im Ruhestand nicht durch

Rürup ist auch für gut verdienende Arbeitnehmer und Beamte eine interessante Alternative.

andere Einkünfte wie etwa Mieteinnahmen erhöht, liegt der Steuersatz für die Rente allerdings unter dem, den Frauen im Arbeitsleben bezahlen.

Rürup-Renten haben auch Schattenseiten. Eine liegt in der Deckelung der steuerfreien Beiträge. Auf diese werden nämlich neben den Rürup-Beiträgen auch die Abgaben zur gesetzlichen Rentenversicherung angerechnet. Bei Frauen, die über ein vergleichsweise hohes Einkommen verfügen, wird der Löwenanteil des Freibetrags bereits von den Zahlungen in die gesetzliche Rentenversicherung aufgefressen. Anders sieht es bei Selbstständigen ohne gesetzliche Rentenversicherung aus: Sie können mit der privaten Basisrente den Freibetrag voll ausschöpfen.

Kein Zugriff Ein weiterer Nachteil zeigt sich in dem Moment, in dem eine Sparerin ihre monatlichen Zahlungen nicht mehr leisten und den Vertrag beitragsfrei stellen will. Die Versicherer haben festgelegt, dass ihre Kunden zum Zeitpunkt der Beitragsfreistellung mindestens so viel einbezahlt haben müssen, dass sie eine Mindestrente erreicht haben. Setzen die Zahlungen vorher aus, ist das Geld futsch. Auch sonst sind die nicht beleih- und vererbbaren Rürup-Verträge vergleichsweise unflexibel (siehe Kasten unten). Pluspunkte bringen die fehlenden Zugriffsmöglichkeiten auf Rürup-Verträge allerdings im Falle einer Arbeitslosigkeit. Denn nicht nur die Sparerinnen können nicht an das eingezahlte Kapital, auch dem Staat ist der Zugriff verwehrt. Das bereits eingezahlte Kapital wird auch bei längerer Arbeitslosigkeit nicht zu dem anrechenbaren Vermögen gezählt. Die Rürup-Ersparnisse müssen also nicht aufgebraucht werden, bevor Arbeitslosengeld II aufs Konto fließt. Eine Rürup-Rente ist während der Ansparzeit auch nicht pfändbar. In der Auszahlungsphase kann die Rentenzahlung allerdings wie jede andere Geldzahlung oberhalb des Pfändungsfreibetrags gepfändet werden.

||| **Als Rürup-Produkte steuerlich absetzbar sind nur Verträge, die**

- einen Rentenbeginn ab dem vollendeten 60. Lebensjahr haben
- das angesparte Kapital in einer lebenslangen monatlichen Rente auszahlen
- so ausgestaltet sind, dass die entstehenden Ansprüche nicht beliehen, verkauft, kapitalisiert oder vererbt werden können

Problemfall Hinterbliebenenschutz Im Todesfall verfällt der Anspruch während der Ansparphase wie bei der gesetzlichen Rentenversicherung zugunsten der Versichertengemeinschaft. Es gibt allerdings von den Anbietern Lösungen, mit denen dieser Verlust verhindert werden kann. So besteht die Möglichkeit, im Versicherungsvertrag eine Hinterbliebenenrente in vorher bestimmter Höhe für Ehepartner oder kindergeldberechtigte Kinder zu vereinbaren. Außerdem gibt es Zusatzversicherungen, die eine Beitragsrückerstattung im Todesfall vor Rentenbeginn sichern. Diese sind jedoch steuerlich nicht gefördert.

Verstirbt die Versicherte während der Rentenphase, verfällt der Teil des eingezahlten Kapitals, der noch nicht durch Rentenleistungen zurückgeflossen ist. Eine Rentengarantiezeit, wie sie die Standard-Rentenversicherungen bieten, existiert bei Rürup-Verträgen nicht. Verheiratete Rürup-Sparerinnen haben jedoch die Möglichkeit, eine Lebenspartner- oder Hinterbliebenenrente für den Ehegatten zu vereinbaren. Hier offerieren die Anbieter verschiedene Lösungen. Entweder läuft die Lebenspartnerrente über einen bestimmten Prozentsatz der Hauptrente oder die Hinterbliebenenrente wird einer Rentengarantiezeit nachempfunden. Das bedeutet bei einer Vereinbarung über zehn Jahre im Todesfall der Versicherten nach fünf Jahren, dass der Wert der in den restlichen fünf Jahren zu zahlenden Rente in eine lebenslange Rente für den begünstigten Hinterbliebenen umgerechnet wird. Mittlerweile bietet die Finanzbranche auch Lösungen, an bei denen das Rentenkapital bei Rentenbeginn Ausgangspunkt für die Hinterbliebenenrente ist. Die bereits ausbezahlten Beträge werden davon abgezogen. Der verbleibende Wert wird als Rente an die Hinterbliebenen ausbezahlt.

Die Rürup-Rente: Vor- und Nachteile im Überblick

Vorteile	Nachteile
Staatliche Förderung	Kein Kapitalwahlrecht
Kapital ist im Falle der Arbeitslosigkeit sicher	Rente ist steuerpflichtig
Kapital ist in der Einzahlungsphase pfändungssicher	Keine Möglichkeit zur Beleihung, Übertragung, Schenkung
Möglichkeit der Beitragsfreistellung nach Erreichen einer Mindestrente	Keine Kündigungsmöglichkeit
	Einbezahltes Kapital kann für Hinterbliebene nur über Zusatzversicherungen gerettet werden

Verantwortung abgeben – Banksparpläne

Jeden Monat einen bestimmten Betrag sicher anlegen – dieses Prinzip klingt einfach und gut. Wer den richtigen Banksparplan auswählt, hat zwar nicht die hohen Gewinnchancen, die manch risikobehaftetes Aktieninvestment bietet, dafür aber eine sichere Rendite. Ein weiterer Vorteil ist psychologischer Natur: Über diese Anlageform können Frauen, die das Bilden von Rücklagen gerne zugunsten einer Urlaubsreise oder einer neuen Handtasche „vergessen", die eigene Sparfaulheit austricksen. Die regelmäßige Abbuchung eines festgelegten Betrags verhindert, dass man am Ende des Monats noch dies und das entdeckt, das man mit dem nicht aufgebrauchten Geld kaufen könnte. Der Banksparplan schiebt solchen Versuchungen einen Riegel vor.

Geeignet sind Banksparpläne für Frauen, die über einen längeren Zeitraum von mehreren Jahren einen monatlichen Betrag sicher auf die hohe Kante legen wollen – zum Beispiel weil sie ein festes Ziel haben. Das kann eine größere Anschaffung sein, die zu einem bestimmten Zeitpunkt ansteht, die Ausbildung der Kinder, aber auch ein Beitrag zur eigenen Altersvorsorge. Hier sind die Anlagen vor allem geeignet, wenn die bis zum Ruhestand geplante Zeit vergleichsweise kurz und deshalb ein absolut sicheres Rücklagemodell gefragt ist. Allerdings sollten unabhängig vom Anlageziel immer Alternativen in Erwägung gezogen werden. Denn die allgemeine Kritik an vielen Banksparplänen hat durchaus Fundament – viele bieten vergleichsweise geringe Erträge, sind unflexibel und in der Zinsberechnung undurchsichtig. Wer etwa größere Beträge sicher anlegen will, erhält für mehrjährige Einmalanlagen höhere Zinsen. Und wer kurzfristig und flexibel sparen will, ist zum Beispiel mit guten Tagesgeldkonten besser bedient.

Mit Banksparplänen lässt sich die eigene Sparfaulheit austricksen.

Die Angebote an Banksparplänen finden sich in der Produktpalette nahezu aller Sparkassen und Banken. Die Struktur ist immer dieselbe: In der Regel zahlen die Sparerinnen monatlich ein. Die Mindestrate liegt meist zwischen 25 und 50 Euro, manches Geldinstitut erlaubt sogar Sparraten von 5 Euro.

Besondere Kosten fallen in der Regel nicht an. Auf die eingezahlten Beträge erhalten die Kundinnen dann fest vereinbarte oder variable Zinsen und meist auch besondere Zuschläge oder Prämien, die dem Konto entweder jedes Jahr oder am Ende der Vertragslaufzeit gutgeschrieben werden. Häufig wird die Laufzeit von ein bis 25 Jahren bei Vertragsabschluss festgelegt. Nach einer Mindestlaufzeit besteht in der Regel eine Kündigungsmöglichkeit. Das große Plus der Banksparpläne liegt in der Sicherheit. Über die Einlagensicherung von Banken und Sparkassen sind die vorhergesehenen Auszahlungsbeträge aus Anlage und Zinsen komplett abgesichert. Das gilt zumindest für alle Genossenschaftsbanken, alle Sparkassen und auch fast alle Banken. Ganz wenige Institute sind gegen eine Pleite nicht zu 100 Prozent abgesichert. Fragen Sie im Zweifel bei Ihrer Bank nach.

Unterschiede bei der Rendite

Insgesamt ist die Rendite von Banksparplänen überschaubar. Das sollte Anlegerinnen aber nicht dazu verleiten, irgendeinen x-beliebigen Vertrag abzuschließen oder aus Bequemlichkeit den der eigenen Hausbank zu nehmen. Denn Kleinvieh macht auch Mist. Die durchaus vorhandenen Unterschiede von einem halben bis einem Prozentpunkt machen sich bei den langjährigen Verträgen am Ende deutlich bemerkbar. Prinzipiell gilt: Je höher der Einzahlungsbetrag, desto höher der Zins – auch bei kurzfristigen Sparplänen.

Entscheidend für die Qualität eines Banksparplans sind die Effektivrendite über die ganze Laufzeit, die alle Faktoren berücksichtigt, und die Summe, die am Ende der Sparerei herauskommt. Das gilt sowohl für Angebote mit festem Zinssatz, der derzeit meist zwischen 3 und 4 Prozent liegt, als auch für variable verzinste Angebote. Sparerinnen können einen Banksparplan problemlos auch bei einer ortsfremden Bank abschließen. Die Unterlagen lassen sich telefonisch oder über das Internet anfordern und per Post-Ident-Verfahren zurückschicken.

Drei Zinsmodelle Grundsätzlich gibt es derzeit drei Zinsmodelle für Banksparpläne:

- Produkte mit festen Zinsen für die gesamte Laufzeit
- Angebote mit einer festen, jährlich steigenden Zinstreppe
- Angebote mit variablen Zinsen.

Bei Letzteren haben Kunden häufig das Nachsehen, weil die Kreditinstitute die Zinsen der Sparverträge bei allgemein sinkendem Zinsniveau zügig nach unten anpassen, sich in Hochzinsphasen jedoch mit entsprechenden Veränderungen zurückhalten. Hier müssen Sparer die Bezugsgröße kennen – will die Bank nicht offenlegen, woran sie ihre Verzinsung orientiert, ist größte Vorsicht geboten. Obgleich sie in der Regel attraktiver sind, haben auch festverzinste Modelle Nachteile: Bei steigendem Leitzins entgeht der Sparerin bares Geld. Dafür ist der Betrag, über den sie am Ende der Laufzeit verfügen kann, eine berechenbare Größe.

Frauen, die ihren Banksparplan für die finanzielle Sicherung ihres Alters verwenden wollen, sollten von den hergebrachten Versionen die Finger lassen. Für sie bieten die zahlreichen staatlich geförderten Riester-Banksparpläne langfristig deutlich bessere Konditionen. Dass sich die Rendite dieser Verträge sehen lassen kann, belegen aktuelle Untersuchungen.

||| Drum prüfe, wer sich länger bindet

1. Flexibilität Welche Frau weiß heute schon, wie sich ihre finanzielle Situation in zehn Jahren darstellt? Gerade bei langfristigen Banksparplänen ist es wichtig, dass der Vertrag einigermaßen flexibel ist. Das heißt, dass man die monatliche Rate erhöhen oder senken kann und dass nach einer Mindestlaufzeit von maximal drei Jahren ein vorzeitiger Ausstieg ohne Nachteile möglich ist.

2. Prämien und Boni Was in den Werbeheftchen der Banken oft beeindruckend wirkt, kann am Ende mager ausfallen. Hier lohnt sich ein Blick ins Kleingedruckte: Orientiert sich der Bonus (Zuschlag) an der Summe des Gesparten, an den Einzahlungsbeträgen eines Jahres oder an der jährlichen Basisverzinsung?

3. Zinsen Variable Zinsen sind unsicher – zumindest sollte die Bank offenlegen, woran sich die Zinsänderungen orientieren. Zu dieser Angabe ist die Bank verpflichtet. Angebote mit einem Festzinssatz sind kalkulierbarer und, wenn sie eine vergleichbare Rendite abwerfen, bei dieser sicherheitsorientierten Anlageform die bessere Wahl.

4. Rendite Vor Vertragsabschluss sollte man die effektive Rendite eines Sparplans betrachten. Dazu kann die Bank die Höhe des Guthabens zum Laufzeitende oder die jährliche Rendite berechnen. Hier ist hartnäckiges Nachfragen die Voraussetzung, um die Angebote unterschiedlicher Finanzdienstleister zu vergleichen. Wie viel ein Sparplan genau bringt, ist für einen Laien kaum selbst zu berechnen. Hilfe gibt es von der Stiftung Warentest, die unter www.test.de einen kostenlosen Renditerechner anbietet.

Mit Banksparplänen kann man sich auch sehr langfristig festlegen. Sinnvoll ist das nur, wenn man den Banksparplan nicht für die eignen Bedürfnisse verwenden will. Immer mehr Mütter und Großmütter ziehen diese Alternative auch als Vorsorge für ihre Kinder und Enkel in Erwägung und fangen früh an, für deren Ausbildung jeden Monat einen bestimmten Betrag zurückzulegen. Für alle, die dem Nachwuchs langfristig eine genau festgelegte Summe zur Verfügung stellen wollen, gibt es bei Banksparplänen durchaus sinnvolle Alternativen zu den gängigen Ausbildungsversicherungen. Die Erträge für die dann schon nicht mehr so Kleinen sind auch steuerfrei, wenn sie über dem Sparerfreibetrag liegen. Allerdings ist Vorsicht geboten: Nur wer wirklich sicher ist, den Vertrag über die gesamte Laufzeit erfüllen zu wollen und zu können, sollte hier zugreifen. Denn im Falle eines vorzeitigen Abbruchs der langfristigen Verträge ist der Renditeabschlag höchst unerfreulich.

Feste Zinsen – Bundesschatzbriefe und Anleihen

Geld machen mit David Bowies Schulden Obligationen, Anleihen, festverzinsliche Wertpapiere – was nach Fachbegriffen für Finanzexperten klingt, folgt immer demselben einfachen Prinzip: Bei diesen Anlageformen erhält der Sparer wie bei einer Rente feste Zinsen für eine Art Schuldschein von Unternehmen, der öffentlichen Hand, Banken oder anderen Schuldnern. Darunter auch eher skurrile Anleiheschuldner wie der Rock-Sänger Rod Stewart oder die Heavy-Metal-

Band Iron Maiden, die sich über Wertpapiere, die mit den Lizenzeinnahmen ihrer Arbeit unterlegt sind, Kapital beschafft haben. Für die Künstler hat das den Vorteil, dass sie nicht jahrelang auf Lizenzeinnahmen warten müssen, sondern sofort kassieren können. So beschaffte sich der Musiker David Bowie 1997 durch die Emission (Ausgabe) einer Anleihe auf einen Schlag 55 Millionen US-Dollar. Als Sicherheit trat Bowie dafür die künftigen Einnahmen aus seinen Musikstücken ab. Zinsen und Rückzahlung der Bowie-Anleihe werden also durch die Zahlungen abgedeckt, die dem Rockstar während der zehnjährigen Laufzeit des Wertpapiers zufließen.

Gleichgültig ob von Popstars, Banken oder dem Staat – die festverzinsliche Anleihe ist eine Art Schuldschein, der das Recht auf Rückzahlung des Nennwerts (des Geldbetrags, der auf der Anleihe angegeben ist) und der festgelegten Verzinsung beinhaltet. Der Verkäufer kommt auf diesem Weg langfristig an Fremdkapital. Die Gesamtsumme verteilt sich dabei auf mehrere kleine Teilbeträge. Kaufen können Anlegerinnen die Anleihen bei Banken. Die wichtigsten Kriterien bei der Auswahl sind Laufzeit, Zinszahlung und Art der Verzinsung. Die durch eine Anleihe verbrieften Rechte sind gesetzlich festgeschrieben, werden jedoch in der Regel durch zusätzliche Anleihekonditionen ergänzt. Nach der Art ihrer Verzinsung unterscheidet man drei Typen von Anleihen:

- Anleihen mit konstanter Verzinsung über die gesamte Laufzeit
- Anleihen mit variabler Verzinsung während der Laufzeit

- Null-Kupon-Anleihen, bei denen während der Laufzeit keine Zinszahlungen geleistet werden.

Dauerbrenner Bundesschatzbriefe

Die mit Sicherheit bekannteste Anleihe ist nicht mehr ganz jung. Als besonders spannendes Investment würde sie auch keiner bezeichnen – und dennoch: Die 1969 zur Vermögensbildung der breiten Bevölkerung und zur gleichzeitigen Kapitalbeschaffung für öffentliche Investitionen geschaffenen Bundesschatzbriefe zählen nach wie vor zu den beliebten Formen der Geldanlage. Der Volksmund nennt sie fast liebevoll Bundesschätzchen – vielleicht auch wegen der eher bescheidenen Renditeerwartungen, die aus dem angelegten Geld maximal ein Schätzchen und keinen Schatz werden lassen.

Wie funktioniert das? Bundesschatzbriefe sind als sogenannte Daueremissionen jederzeit erhältliche, festverzinsliche Wertpapiere, die der Bund über die Deutsche Finanzagentur herausgibt. Diese wurde im Jahr 2000 als zentraler Dienstleister für die Kreditaufnahme und das Schuldenmanagement des Bundes gegründet. Zur Kreditfinanzierung seines Haushalts bedient sich der Bund einer großen Zahl unterschiedlicher Instrumente (siehe Tabelle „Bundeswertpapiere auf einen Blick", S. 64 – 65). Dazu zählen unter anderem Bundesanleihen, Bundesobligationen, Bundesschatzanweisungen, Bundesschatzbriefe, Finanzierungsschätze und unverzinsliche Schatzanweisungen.

Die bei Privatanlegern beliebtesten Vertreter sind die Bundesschatzbriefe. Bereits ab 52 Euro können hier sicherheitsbewusste Frauen ihr Geld anlegen. Da die Bundesschatzbriefe nicht an der Börse gehandelt werden dürfen, existiert kein Kursrisiko. Allerdings sind auch die Renditen geringer als bei risikobehafteten Anlagen. Dabei ist die Anlage recht flexibel: Obgleich die Papiere eine feste Laufzeit haben, können sie nach einer einjährigen Sperrfrist jederzeit zurückgegeben oder gegen andere Bundesschatzbriefe mit besseren Zinsen eingetauscht werden. Dabei empfiehlt es sich, die Schätzchen direkt bei der Deutschen Finanzagentur zu kaufen, da diese für die Verwaltung – also Lagerung, Kauf, Verkauf, Umtausch sowie vorzeitige Rückgabe – kein Geld verlangt. Gebührenfrei kaufen kann man Bundesschatzbriefe auch bei Banken, Sparkassen und Landeszentralbanken.

Zwei Typen Generell stehen Anlegerinnen zwei Varianten von Bundesschatzbriefen zur Verfügung.

- Typ A hat eine Laufzeit von sechs Jahren, die Zinsen fließen jährlich.
- Typ B läuft über sieben Jahre. Die Zinsen und Zinseszinsen werden angesammelt und wandern erst am Ende der Laufzeit aufs Konto der Eigentümerinnen.

Beiden gemeinsam ist, dass die Zinsen jedes Jahr steigen – je länger die Briefe im eigenen Depot liegen, desto höher sind also die Erträge. Der Bund passt die Zinskonditionen der jeweiligen Marktentwicklung an.

Aktuelle Konditionen von Bundesschatzbriefen

Bundesschatzbriefe ab 26. Mai 2008 12.00 Uhr*				
Typ Ausgabe Zinsenlauf ab Fälligkeit ISIN** WKN***	**A** **2008/9** **01.05.2008** **01.05.2014** **DE0001118248** **111824**		**B** **2008/10** **01.05.2008** **01.05.2015** **DE0001118255** **111825**	
Laufzeitjahr	**Zinssätze**	Rendite	Zinssätze	Rendite
1. (05/2008–04/2009)	**3,75 %**	3,75 %	**3,75 %**	3,75 %
2. (05/2009–04/2010)	**3,75 %**	3,75 %	**3,75 %**	3,75 %
3. (05/2010–04/2011)	**4,00 %**	3,83 %	**4,00 %**	3,83 %
4. (05/2011–04/2012)	**4,00 %**	3,87 %	**4,00 %**	3,87 %
5. (05/2012–04/2013)	**4,25 %**	3,94 %	**4,25 %**	3,95 %
6. (05/2013–04/2014)	**4,50 %**	**4,02 %**	**4,50 %**	4,04 %
7. (05/2014–04/2015)			**4,50 %**	**4,11 %**
Stückelung: 0,01 Euro Mindestnennwert: 50 Euro Mindestauftrag im Direktvertrieb über die Deutsche Finanzagentur: 52 Euro Rückzahlungswert für Typ B je 100 Euro Nennwert: 132,54 Euro				

*Quelle: Bundesrepublik Deutschland – Finanzagentur GmbH
** International Security Identification Number, *** Wertpapier-Kennnummer

Den Umstand, dass Bundesschatzbriefe bereits nach einem Jahr Laufzeit zurückgegeben bzw. gegen andere getauscht werden können, wertet die Stiftung Warentest zu Recht als eine Art „Versicherung". Sollte es im Folgejahr wieder bessere Konditionen geben, können Anleger ohne Kursverluste aussteigen und ihr Geld dann neu anlegen.

Bundeswertpapiere auf einen Blick

Merkmale	Bundesschatzbriefe	Finanzierungsschätze
Nennwert	0,01 €	0,01 €
Mindestauftrag	50 € 52 € Direkterwerb Deutsche Finanzagentur*	500 €
Anlagehöchstbetrag	unbeschränkt	250.000 € je Person und Geschäftstag
Zinszahlung	Typ A: jährlich Typ B: Zinsansammlung (Auszahlung der Zinsen mit Zinseszinsen bei Rückzahlung des Kapitals)	Abzinsung (Nennwert – Zinsen = Kaufpreis)
Zinsberechnungsmethode	actual/actual (taggenau)	actual/actual
Laufzeit	Typ A: 6 Jahre Typ B: 7 Jahre	1 Jahr und 2 Jahre
Rückzahlung	Typ A zum Nennwert Typ B zum Rückzahlungswert (= Nennwert + Zinsen)	zum Nennwert
Erwerber	nur natürliche Personen, sowie gebietsansässige Einrichtungen, die gemeinnützigen, mildtätigen oder kirchlichen Zwecken dienen.	jedermann außer Kreditinstitute
Verkauf bzw. vorzeitige Rückgabe	Ausgaben, die bis zum 31.12.01 emittiert wurden, können jederzeit nach dem ersten Laufzeitjahr bis zu insgesamt 10.000 DM und Ausgaben, die ab dem 01.01.02 emittiert wurden, bis zu 5.000 € je Gläubiger innerhalb 30 Zinstagen zurückgegeben werden	nicht möglich
Übertragbarkeit auf Dritte	jederzeit auf Erwerbsberechtigte[3]	jederzeit auf Erwerbsberechtigte[3]
Verkaufsstellen	**Bundesrepublik Deutschland – Finanzagentur GmbH*[1] und Kreditinstitute**	
Lieferung Verwahrung/Verwaltung	**Wertrechte (= Anteile an einer Sammelschuldbuchforderung oder Einzelschuldbuchforderung), keine effektiven Stücke Banken, Sparkassen, Kreditgenossenschaften sowie Deutsche Finanzagentur**	
Kosten und Gebühren Erwerb	gebührenfrei	gebührenfrei
Einlösung bei Fälligkeit	gebührenfrei	gebührenfrei
Verwaltung durch Kreditinstitute	Depotgebühren	
Deutsche Finanzagentur*	gebührenfrei	gebührenfrei

* Bundesrepublik Deutschland – Finanzagentur GmbH (im Folgenden „Deutsche Finanzagentur" genannt), die seit dem 01.08.2006 die Aufgaben der Bundeswertpapierverwaltung übernommen hat

[1] der jeweils zuletzt börseneingeführten Bundesobligation durch natürliche Personen, sowie gebietsansässige Einrichtungen, die gemeinnützigen, mildtätigen oder kirchlichen Zwecken dienen

Bundesobligationen	Bundesanleihen	Bundesschatzanweisungen
0,01 €	0,01 €	0,01 €
Börse: kein Mindestauftrag 110 € Direkterwerb Deutsche Finanzagentur*[1] (Tenderverfahren: Mindestgebot 1 Mio €)	Börse: kein Mindestauftrag (Tenderverfahren: Mindestgebot 1 Mio €)	Börse: kein Mindestauftrag (Tenderverfahren: Mindestgebot 1 Mio €)
unbeschränkt; bei Direkterwerb Deutsche Finanzagentur*[1] 250.000 € je Person und Geschäftstag ohne Wiederanlage und Umtausch	unbeschränkt	unbeschränkt
jährlich	jährlich	jährlich
actual/actual	actual/actual	actual/actual
5 Jahre	ca. 10 Jahre bzw. ca. 30 Jahre	2 Jahre
zum Nennwert	zum Nennwert	zum Nennwert
jedermann Direkterwerb Deutsche Finanzagentur* zu bestimmten Bedingungen [1]	jedermann	jedermann
nach Börseneinführung täglicher Verkauf zum aktuellen Kurs möglich	nach Börseneinführung täglicher Verkauf zum aktuellen Kurs möglich	nach Börseneinführung täglicher Verkauf zum aktuellen Kurs möglich
bei Verkauf über Deutsche Finanzagentur*[2]: zum Einheitspreis der Frankfurter Wertpapierbörse als Festpreis	bei Verkauf über die Deutsche Finanzagentur*[2]: zum Einheitspreis der Frankfurter Wertpapierbörse als Festpreis	bei Verkauf über Deutsche Finanzagentur*[2]: zum Einheitspreis der Frankfurter Wertpapierbörse als Festpreis
jederzeit[3]	jederzeit[3]	jederzeit[3]
	Kreditinstitute	
übliche Bankprovision; gebührenfrei bei Direkterwerb Deutsche Finanzagentur*[1]	übliche Bankprovision	übliche Bankprovision
gebührenfrei bei Deutsche Finanzagentur*, übliche Bankprovision	gebührenfrei bei Deutsche Finanzagentur*, übliche Bankprovision	gebührenfrei bei Deutsche Finanzagentur*, übliche Bankprovision
Depotgebühren	Depotgebühren	Depotgebühren
gebührenfrei	gebührenfrei	gebührenfrei

[2] einmalige Gebühr von 0,4 % des Kurswertes
[3] von einem Schuldbuchkonto auf ein anderes Schuldbuchkonto gebührenfrei

Eine weitere Besonderheit ist die Möglichkeit, bei der Deutschen Finanzagentur einen Sparplan für Bundeswertpapiere zu nutzen. Auch hier liegt die Mindestanlage bei 52 Euro, der Sparplan kann jederzeit auf unbestimmte Dauer ruhen. Zusatzkosten entstehen nicht.

Das zentrale Merkmal der Papiere mit dem Bundesadler ist ihre hohe Sicherheit. Die Bundesrepublik ist ein erstklassiger Schuldner, da sie mit ihrem Vermögen und dem Steueraufkommen für die Anlage geradesteht. Dabei ist die gesicherte Rendite zwar nicht beeindruckend, jedoch je nach Marktlage durchaus akzeptabel. Zusammen mit der hohen Flexibilität macht sie die altgedienten Bundesschätzchen zu einer geeigneten Anlage für Anlegerinnen, bei denen Sicherheit, Flexibilität und eine bequeme Handhabung im Vordergrund stehen und die einen bestimmten Betrag für einen mittleren bis längeren Zeitraum anlegen wollen. Dabei eignen sich die Bundesschatzbriefe auch für Phasen, in denen Frauen ihren eigenen Bedarf und die Marktentwicklung beobachten wollen – je nach Entwicklung können sie zu einem geeigneten Zeitpunkt aus- oder umsteigen.

Das zentrale Merkmal der Papiere mit dem Bundesadler ist ihre hohe Sicherheit.

Ein Stück vom Unternehmenskuchen – Aktienanlagen

„Geld allein macht nicht glücklich. Es gehören auch noch Aktien, Gold und Grundstücke dazu." Im Prinzip bringt der amerikanische Schauspieler und Oscar-Preisträger Danny

Kaye damit auch das Prinzip einer sinnvollen Strategie für den Vermögensaufbau auf den Punkt. Die Mischung macht's! In fast jedem Finanzportfolio gehören dazu auch Aktien. Mit den Papieren beteiligt man sich am Erfolg eines Unternehmens – und am Misserfolg. Das Prinzip ist einfach: Wer Aktien bei einem niedrigen Kurs kauft und teurer wieder verkauft, macht Gewinn. Wem die herkömmlichen Formen der Geldanlage nicht genug abwerfen, dem bieten sich mit Aktien größere Chancen – und Risiken. Denn der Erfolg an der Börse ist nicht garantiert. Der Käufer einer Aktie erwirbt einen Anteil am Gesamtvermögen einer Aktiengesellschaft. Damit wird er Miteigentümer an den Vermögenswerten der AG und ist über die Dividende (Ausschüttung) am Gewinn beteiligt.

||| **Aktie ist nicht gleich Aktie – Kleine Typologie der verbrieften Unternehmensanteile**

Nennwertaktie Der Nennwert einer Aktie ist eine rechnerische Größe und stellt die Höhe des Anteils am Grundkapital einer Gesellschaft dar. Der Nennwert lautet auf einen festen Betrag von einem Euro oder einem Vielfachen davon. Multipliziert man den Nennwert mit der Anzahl der vorhandenen Aktien, erhält man das in der Satzung festgelegte Grundkapital einer Aktiengesellschaft.

Stückaktie Die Stückaktie steht ebenfalls für einen bestimmten Anteil des in der Satzung festgelegten Grundkapitals. Anders als bei der Nennwertaktie wird dieser nicht als Geldbetrag ausgedrückt, sondern in einer Stückzahl. Auf der Aktienurkunde steht dann also beispielsweise ▶

„100 Stück Aktien". Aus der Relation dieser Aktienstück-
zahl zur insgesamt ausgegebenen ergibt sich die Beteili-
gungsquote des Aktionärs. Der auf eine einzelne Aktie ent-
fallende Betrag des Grundkapitals muss mindestens einen
Euro betragen.

Stammaktie Eine Stammaktie gewährt ihrem Inhaber im
Gegensatz zur Vorzugsaktie das Stimmrecht in der Hauptversammlung. Der Aktionär kann dort als Miteigentümer
des Unternehmens Einfluss auf Entscheidungen wie die
Gewinnverteilung (Dividende), die Entlastung des Vorstandes und des Aufsichtsrats oder die Wahl des Wirtschafts-
prüfers treffen. Allerdings ist dieser Einfluss nur so groß
wie der eigene Stammaktienanteil am Grundkapital des
Unternehmens – und der ist im Fall des Kleinaktionärs
erschreckend gering.

Vorzugsaktie Weil die Vorzugsaktie im Gegensatz zur
Stammaktie kein Stimmrecht verleiht, wurde sie im Gegenzug mit Sonderrechten ausgestattet, eben den Vorzügen,
die meistens in dem Recht auf eine höhere Dividendenzu-
weisung liegen. Das Schweigen des Vorzugsaktionärs in
der Hauptversammlung wird also mit Geld erkauft. Für den
Privatanleger, dessen Einfluss auf Entscheidungen der
Hauptversammlung ohnehin nicht überwältigend ist, ist die
Vorzugsaktie eine willkommene Möglichkeit, wenigstens
eine höhere Dividende aus seiner Geldanlage zu ziehen,
wenn seine Meinung schon nicht gefragt ist.

Inhaberaktie Aktien können nicht nur nach ihrem Stimm-
recht unterschieden werden, sondern auch nach ihrer
Übertragbarkeit. Inhaberaktien können sehr einfach den
Besitzer beziehungsweise den Eigentümer wechseln: Durch

Einigung und Übergabe werden sie von dem einem auf einen anderen Inhaber übertragen. Derjenige, der die Aktie in Händen hält, kann die Rechte daraus unmittelbar geltend machen und beispielsweise an der Hauptversammlung teilnehmen oder seine Dividende einfordern. Damit diese Inhaberaktien nicht abhanden kommen können und weil Aktienverkäufe zumeist ohnehin über Banken abgewickelt werden, ist es üblich, dass die Inhaberaktien im Girosammeldepot der jeweiligen Bank für den Inhaber verwahrt werden. Der Inhaber hat so das Verfügungsrecht über die Aktien, die aber sicher verwahrt sind.

Namensaktie Wie der Name bereits andeutet, sind diese Aktien im Gegensatz zu den Inhaberaktien auf den Namen des Aktionärs ausgestellt. Dieser wird zusammen mit dem Geburtsdatum, der Adresse und der Zahl der gehaltenen Aktien ins Aktienregister des Unternehmens eingetragen. Das Unternehmen hat so jederzeit den genauen Überblick über seine Aktionäre. Die Aktionärsrechte kann bei der Namensaktie nur der Aktionär selbst oder ein Bevollmächtigter ausüben. Zwar kann der Aktionär der Gesellschaft untersagen, ihn ins Aktienbuch einzutragen. Damit verliert er jedoch die Möglichkeit, seine Aktionärsrechte auszuüben. Eine striktere Form der Namensaktie ist die vinkulierte Namensaktie (von lateinisch *vinculum:* Fessel), bei der die Gesellschaft dem Aktienkauf zustimmen muss.

Es gibt mehrere Sorten von Aktien (siehe Kasten „Aktie ist nicht gleich Aktie"). Die in Deutschland gängigste Art sind Inhaberaktien, die Stamm- oder Vorzugsaktien sein können. Bei der Stammaktie ist der Inhaber in der Hauptversammlung voll stimmberechtigt. Aktionäre mit Vorzugsaktien sind nicht stimmberechtigt, erhalten dafür aber eine höhere oder eine Mindestdividende. Außerdem gibt es die Namensaktien, die nur der namentlich registrierte Besitzer verkaufen darf.

Die Beispiele für die enormen Gewinnmöglichkeiten für Privatanleger sind ungezählt. Die für massive Verluste leider auch. Wer auf Aktien setzt, sollte daher zwei Dinge beherzigen: Bauen Sie ein breit gestreutes Portfolio auf und vergessen Sie den Traum vom schnellen Reibach!

Bauen Sie ein breit gestreutes Portfolio auf und vergessen Sie den Traum vom schnellen Reibach!

Die Verteilung der Investitionen auf verschiedene Werte minimiert das Verlustrisiko. Außerdem sollten Nichtprofis Aktien immer langfristig anlegen.

Rechte und Pflichten – das Verhältnis von Aktionär und AG

Aktien werden auch Shares oder Anteilsscheine genannt und sind Anteilsrechte an einem als Aktiengesellschaft firmierenden Unternehmen. Das deutsche Aktiengesetz definiert eine Aktie als Bruchteil des Grundkapitals. Dieser umfasst Rechte und Pflichten der Aktionäre gegenüber der Gesellschaft, die vergleichbar mit denjenigen sind, die sich aus Anteilen an einer GmbH ergeben. In Deutschland werden diese Gesellschaften, die ihr Grundkapital in Aktien zerlegen und diesen Anteil verbriefen, als Aktiengesellschaft (AG) oder Kommanditgesellschaft auf Aktien (KGaA) bezeichnet.

Wer eine AG gründet, legt fest, in wie viele Aktien das Grundkapital aufgeteilt wird. Diese Aktien können dann herausgegeben werden. In diesem Zusammenhang spricht man von der Emission. Auch später sind im Rahmen einer sogenannten Kapitalerhöhung weitere Emissionen möglich. Eine weitere Möglichkeit, die Zahl der Aktien eines Unternehmens zu erhöhen, ist der Aktiensplit. Dabei werden vorhandene Papiere in Aktien mit kleinerem Nennwert aufgeteilt. Aktien können an einer Wertpapierbörse oder außerbörslich gehandelt werden.

Aktien mit und ohne Nennwert Der Nennwert einer Aktie gibt ihren Anteil am Unternehmen an. Lautet er beispielsweise 100 Euro, so beinhaltet er 100 Euro am Grundkapital der Firma. Bei sogenannten Stückaktien oder Quotenaktien handelt es sich um nennwertlose Aktien. Hier entspricht der Anteil am Grundkapital dem Anteil an den Aktien. Bei 1 000 Aktien und 500.000 Euro Grundkapital entspricht eine Aktie also einem Anteil von einem Tausendstel am Grundkapital und damit am Unternehmen. Der theoretische Nennwert wäre in diesem Fall 500 Euro.

Die Chance: Dividenden und Kursgewinne

Attraktiv für Anleger ist der Umstand, dass ein Unternehmen seine Aktionäre über Dividenden (s. S. 67) am Gewinn beteiligen kann. Die Dividende entspricht einer pro Aktie geleisteten Zahlung an die Besitzer der Aktien. Die Höhe der Dividende schlägt der Vorstand vor. Beschließt die Hauptversammlung diese, können Anleger diese Summe einstreichen. Dabei ist jeder Aktionär berechtigt, an der Hauptversammlung teilzunehmen und sich persönlich ein Bild von der Entwicklung „seines" Unternehmens zu machen. Doch nicht nur die Dividende macht Aktien zum interessanten Anlage-produkt. Mehr Musik ist in der Regel in der Kurssteigerung einer Aktie. Bislang gilt dabei die Regel, dass diese Kurs-gewinne steuerfrei sind, wenn die Aktie nach Ablauf einer einjährigen Spekulationsfrist verkauft wird. Ab dem 1. Januar 2009 ändert sich hier die Gesetzgebung (siehe S. 138). Dann sind Dividenden und Kursgewinne auch nach Ablauf der einjährigen Spekulationsfrist steuerpflichtig.

Die Entwicklung des Aktienkurses folgt dem bekannten Prinzip von Angebot und Nachfrage – interessieren sich viele für die Teilhabe an einem Unternehmen, steigt der Kurs, ziehen sich Investoren zurück, fällt er. Ob eine Aktie attrak-tiv ist und ihr Kurs damit tendenziell steigt, hängt zum einen von der allgemeinen Börsensituation, zum anderen von der Marktsituation der Branche und nicht zuletzt vom Unterneh-men und seinen Zukunftsaussichten ab.

Die Bewertung: Harte Zahlen und viel Fantasie

Prinzipiell sind Aktien eine Anlagemöglichkeit mit der Chance auf deutlich überdurchschnittliche Renditen. Aller-dings besteht hier grundsätzlich das Risiko, dass man das gesamte einge-setzte Kapital verliert – wer nicht wagt, der nicht gewinnt. Dennoch sollte die turbulente Entwicklung der Aktien-märkte in den letzten zehn Jahren –

> „Risiko entsteht dann, wenn Anleger nicht wissen, was sie tun."
> Warren Buffett

Börsenboom, Crash und Erholung – nicht darüber hinweg-täuschen, dass Aktien in der langfristigen Perspektive bislang die beste Wertentwicklung aufweisen. Freilich nur, wenn man die richtigen Aktien kauft. Man muss zwar kein Investmentprofi sein, etwas Beschäftigung mit der Thematik und vor allem mit dem Unternehmen, dessen Aktien infrage kommen, ist jedoch mehr als ratsam. „Risiko entsteht dann, wenn Anleger nicht wissen, was sie tun", meint Investment-Guru Warren Buffett. Konkret: Wer plant, eine Aktie zu kaufen, sollte sich nicht nur das Unternehmen genau anschauen, sondern auch das Marktumfeld und die Zukunftsaussichten desselben. Worauf dabei genau zu achten ist, lässt sich bei der weltweiten Fülle unterschiedlichster Unternehmen und Märkte nicht pauschal sagen. Allerdings gibt es unzählige Magazine, TV-Sendungen und Internetangebote, die hier tagesaktuelle Tipps geben und dabei helfen, aus der Vielzahl der Firmen spannende Investment-Kandidaten zu identifizieren, um diese dann genauer unter die Lupe zu nehmen. Dabei ist immer entscheidend: Mit Aktien wird man nur reich, wenn man in Unternehmen investiert, die weniger kosten, als sie wert sind.

Das Kurs-Gewinn-Verhältnis Natürlich gibt es auch harte Zahlen, die Hinweise auf das Potenzial einer Aktie geben. Hier ist vor allem das sogenannte Kurs-Gewinn-Verhältnis oder englisch Price-Earnings-Ratio (PER) wichtig. Das KGV ist die gängigste Kennzahl bei der Aktienanalyse. Rechnerisch erhält man das KGV, indem man den Aktienkurs durch den Reingewinn je Aktie dividiert. Dahinter steckt im Prinzip eine Amortisationsrechnung: Wie viele Jahre braucht ein Unternehmen, um durch den Gewinn den Kurs verdient zu haben? Deshalb gilt als Faustregel: Je niedriger das Kurs-Gewinn-Verhältnis ist, desto günstiger ist eine Aktie bewertet.

Was auf den ersten Blick so einleuchtend wie fundiert klingt, hat jedoch Schwächen. Nicht jedes Unternehmen macht Gewinn. In diesen Fällen ziehen Experten dann das Kurs-Umsatz-Verhältnis (KUV) heran. Ebenfalls mit Vorsicht zu genießen ist der Versuch, Unternehmen aus unterschiedlichen Branchen anhand ihrer KGVs zu vergleichen – so hat die Automobilindustrie traditionell recht niedrige, die Softwarebranche dagegen sehr hohe KGVs. Richtwert sind hierbei die Gewinnsteigerungen. Wachsen die Überschüsse einer Branche mit etwa 50 Prozent pro Jahr, dann ist auch ein KGV in gleicher Höhe gerechtfertigt.

Billigaktien und Aktien aus Schwellenländern Wie bei allen Geldanlagen sind auch bei der Auswahl von Aktien die persönliche Risikobereitschaft und das Sparziel entscheidend. Natürlich versprechen manche Billigaktien oder auch „Penny Stocks" enorme Kurssteigerungen, und viele Unternehmen tun alles, um potenziellen Anlegern die Wachstumsaussichten in den schönsten Farben auszumalen. Nicht zuletzt sind kleine Firmen in letzter Zeit oft besser gelaufen als die erste Aktienliga. Oft ist die Gewinndynamik höher. Doch gerade hier ist nicht alles Gold, was glänzt. Eine sorgfältige Auswahl von Einzeltiteln ist unerlässlich. Denn solche Unternehmenswerte bergen auch ein enormes Risiko. Dasselbe gilt für die derzeit modernen Aktien aus Schwellenländern wie Russland oder Brasilien. Zwar ist es durchaus sinnvoll, beim Aktienkauf auch mal über den nationalen oder europäischen Tellerrand zu blicken, und das Wachstumspotenzial in Ländern wie China oder Indien ist in der Tat enorm. Dennoch sind diese Investments mit einem erhöhten Risiko behaftet, und die jeweilige Firma, das Management und die Strategie sollten genau studiert werden. Generell ist es ratsam, in riskantere Titel nur einen kleinen Teil des Kapitals zu investieren und einige Jahre Geduld mitzubringen.

Auch die bei Profis beliebte Strategie, Marktschwankungen zu erkennen und mit fallenden Kursen hohe Gewinne zu erzielen, geht oft nicht auf. Das Risiko ist sehr hoch, Anleger müssen ständig am Ball bleiben und Nerven wie Drahtseile haben. Eher für Einsteiger geeignet und ebenfalls mit guten Renditechancen versehen sind Investitionen in zukunftsorientierte Unternehmen. Einsteiger sollten auf innovative Produkte und Dienstleistungen setzen, auf einen soliden Business-Plan und ein starkes Management achten.

Unter dem Strich sind Aktienanlagen vergleichsweise aufwendig in der Auswahl und erfordern ein kontinuierliches Interesse. Wer einmal investieren und dann seine Ruhe haben möchte, sollte auf andere Anlageprodukte setzen – oder die Erfahrung von Profis nutzen und in einen Aktienfonds investieren. Dort treffen Experten auf der Basis einer enormen Informationsmenge über die weltweiten Märkte tagesaktuell Entscheidungen, um den langfristigen Anlageerfolg für ihre Anleger zu sichern.

Expertenwissen nutzen – Investmentfonds

Im Vergleich zur direkten Anlage in Aktien bieten ausgewählte Investmentfonds mehr Sicherheit. Sie sind für jede Frau interessant, die ihr Geld anlegen möchte, ohne selbst

Tag für Tag die Entwicklungen an der Börse verfolgen zu müssen. Und das sind wahrscheinlich die meisten Frauen. Deshalb lohnt es sich, Fonds und Fondssparpläne mit ihren unzähligen Varianten genauer unter die Lupe zu nehmen und einige der beliebten Fondsprodukte vorzustellen.

Alle Fonds funktionieren nach demselben, denkbar einfachen Prinzip: Viele Anleger bringen ihr Kapital in eine Art großen Sparstrumpf oder einen großen Topf ein und erhalten im Gegenzug Fondsanteile, die ihrem Anteil am Gesamtvermögen entsprechen. Verwaltet wird das Fondsvermögen von einem Börsenprofi, der die Gelder auf verschiedene Wertpapiere wie Renten, Anleihen, Aktien oder Schuldverschreibungen verteilt. An den Gewinnen, die über diese Anlagen erwirtschaftet werden, sind die Fondsanleger beteiligt. Der Vorteil: Durch die Streuung der Anlagen auf verschiedene Einzelwerte sinkt das Risiko heftiger Kursschwankungen.

> **Fonds sind eine Art großer Sparstrumpf, in den das Geld der Anleger gesteckt wird.**

||| So funktioniert ein Fonds

Bei einem Fonds arbeiten eine Kapitalanlagegesellschaft (KAG), ein Fondsmanager und eine Depotbank Hand in Hand.

Die Kapitalanlagegesellschaft legt den Investmentfonds auf (sie gründet ihn) und geht Vertriebskooperationen mit Banken, Sparkassen und Börsenmaklern ein. Die KAG erstellt auch die Verkaufsprospekte, die alle wichtigen Fakten über den Fonds wie etwa Investitionsschwerpunkte, Chancen und Risiken enthalten. Über diese können sich Interessenten vor dem Kauf von Anteilen einen guten Überblick über den Fonds verschaffen. Alle sechs Monate berichtet die Fondsgesellschaft über die Wertentwicklung des Fonds. Für diese Dienstleistungen behält die KAG Gebühren ein.

Der Fondsmanager betreut den Fonds. Er verwaltet im Auftrag der Fondsgesellschaft das Fondsvermögen und legt es in Wertpapieren oder Immobilien an. Für die Entwicklung eines Fonds ist das Know-how der Fondsmanager entscheidend. Ihre Entscheidungen beeinflussen ganz wesentlich die Wertentwicklung des Fondsvermögens.

Die Depotbank übernimmt die restlichen Verwaltungsaufgaben wie etwa das „Verwahren" der Fondsanteile sowie die Annahme und Ausgabe. Sie ist auch der direkte Ansprechpartner, bei dem Anleger die Anteile kaufen, meist gegen einen sogenannten Ausgabeaufschlag. Außerdem berechnet die Depotbank an jedem Börsentag den genauen Preis der Fondsanteile. Dieser Anteilswert ist auch der Preis, den ein Anleger erhält, wenn er seinen Anteil zurückgibt. Wie dieser berechnet wird, schreibt der Gesetzgeber vor: Zum aktuellen Kurswert aller im Fonds enthaltenen Wertpapiere werden Bankguthaben und Zinsforderungen addiert. Daraus ergibt sich das Fondsvermögen. Wird dieses durch die Anzahl aller ausgegebenen Fondsanteile geteilt, erhält man den Anteilswert.

Der Einstieg ist entweder mit einer größeren Einmalzahlung oder regelmäßigen kleineren Beträgen möglich. Ein weiterer Vorteil von Fonds ist, dass die ausgebenden Institute die Fondsanteile immer zum aktuellen Tageskurs zurückkaufen müssen – bei Aktien dagegen muss man hoffen, die Papiere zum gewünschten Kurs verkaufen zu können. Die Pluspunkte der Fonds haben allerdings ihren Preis: So kann beim Kauf der sogenannte Ausgabeaufschlag fällig werden, außerdem fallen oftmals Kosten für die Fondsverwaltung an. Es gibt allerdings auch Anbieter, die Fonds ohne Ausgabeaufschlag offerieren. In diesen Fällen sind alle Kosten mit der Managementgebühr abgegolten.

Für jeden etwas

Die Auswahl an Fonds ist von Aktien- über Renten- bis hin zu Geldmarktfonds riesig, wobei sie sich prinzipiell danach unterscheiden lassen, worin investiert wird (siehe Kasten S. 83 – 85). Je nach persönlicher Sicherheits- oder Renditeerwartung sind sicherheits- oder wachstumsorientierte, risikobewusste oder spekulative Fonds die richtige Wahl. Dabei steigt das Risiko zusammen mit den Renditechancen. Wer sein Geld möglicherweise kurzfristig dringend benötigt, sollte es also lieber nicht in einen risikoorientierten Fonds stecken. Eine gute Wahl für den Vermögensaufbau sind Fonds für all diejenigen, die ihre Basisversorgung gut abgesichert haben und darüber hinaus systematisch ihr Vermögen aufbauen, langfristig anlegen und individuelle Anlageziele verwirklichen wollen.

Wertentwicklung auf einen Blick

Fondsgruppe	1 Jahr	3 Jahre	5 Jahre	10 Jahre	Vola-tilität	20 Jahre
Aktienfonds Deutschland						
kumuliert	−10,9	39,9	146,5	24,0		436,0
p.a.	−10,8	11,8	19,8	2,2	22,7	8,8
Aktienfonds Europa						
kumuliert	−15,8	23,8	80,3	7,4		289,2
p.a.	−15,8	7,4	12,5	0,7	17,4	7,0
Aktienfonds international						
kumuliert	−14,1	15,2	55,4	15,9		288,1
p.a.	−14,1	4,8	9,2	1,5	17,8	7,0
Euro-Rentenfonds						
kumuliert	1,8	4,7	14,5	44,1		189,2
p.a.	1,8	1,5	2,7	3,7	2,8	5,5
Rentenfonds international						
kumuliert	−1,6	1,2	2,9	29,1		189,8
p.a.	−1,6	0,4	0,6	2,6	5,0	5,5
Mischfonds international						
kumuliert	−8,5	12	39,1	21,7		./.
p.a.	−8,5	3,8	6,8	2,0	9,9	./.

Fondsgruppe	1 Jahr	3 Jahre	5 Jahre	10 Jahre	Vola-tilität	20 Jahre
Euro-Geldmarktfonds						
kumuliert	2,16	6,85	11,15	30,12		./.
p.a.	2,16	2,23	2,14	2,67	0,4	./.
Offene Immobilienfonds						
kumuliert	5,4	14,5	21,3	48,7		179,1
p.a.	5,4	4,6	3,9	4,0	0,9	5,3

Quelle: BVI. Angaben sind Durchschnittswerte der jeweiligen Forndsgruppen in Prozent, bei Volatilität Median.   Stichtag: 31. März 2008

Wer Wert auf Sicherheit legt, für den eignen sich Renten- und Mischfonds, die in Aktien und Renten investieren. Wer auf höhere Renditen spekuliert, der investiert in der Regel in Aktienfonds. Doch auch hier gibt es spekulative und weniger spekulative: So sind etwa Aktienfonds, die auf neue Technologien setzen, meist wesentlich risikoreicher als Fonds, die in etablierte Großunternehmen investieren. Um einen individuell passenden Fonds zu finden, ist es wichtig, den eigenen Anlagetyp zu kennen (siehe S. 29–32).

Reduziertes Risiko

Der große Vorteil bei Fondsanlagen ist ihre Streuung. Diese verringert auch bei prinzipiell eher riskanten Anlagestrategien das Verlustrisiko. Im Vergleich zu einer Einzelanlage in Immobilien, Aktien oder andere Finanzprodukte ist ein Totalverlust ausgesprochen unwahrscheinlich, wenn der Fonds sein Geld beispielsweise in Aktien aus unterschiedlichen Branchen steckt. Dass der Anteil jeder Investition am Gesamtfonds vergleichsweise gering ist, sorgt dafür, dass ein Verlust bei einer einzelnen Investition sich auf die Gesamtentwicklung weniger stark auswirkt. Da ein Fonds immer mehrere Eisen im Feuer hat, können Verluste einzelner Investitionen durch Gewinne in anderen Bereichen häufig ausgeglichen werden. Fonds sind deshalb insgesamt eine gute Möglichkeit, die Chancen des Kapitalmarkts bei einem überschaubaren Risiko breit zu nutzen. Das professionelle Management erspart Anlegerinnen die tägliche Studie des Wirtschaftsteils in der Zeitung und lässt sie dennoch von den Entwicklungen an der Börse profitieren.

Liegt die Entscheidung über Kauf und Verkauf von Wertpapieren in den Händen erfahrener Fondsmanager, die Marktentwicklungen beobachten und stets die Augen nach neuen Anlagechancen offen halten, können sich Anleger auf lange Sicht beruhigt zurücklehnen. Außerdem erhalten Fonds im Vergleich zu Kleinanlegern beim Handel mit Wertpapieren in der Regel Sonderkonditionen, die einzelne Transaktionen günstiger machen. Dies erleichtert natürlich Umschichtungen im Depot und eine vergleichsweise breite Streuung des Vermögens auf unterschiedliche Investitionsziele. Außerdem kann man sich über Fonds auch an Objekten beteiligen, die für Kleinanleger wegen der hohen Mindestinvestitionen nicht zur Verfügung stehen. Dazu gehören zum Beispiel

> **Da ein Fonds immer mehrere Eisen im Feuer hat, werden Verluste in einzelnen Bereichen häufig durch Gewinne in anderen ausgeglichen.**

Gewerbe-Immobilien oder Schiffe. Auch bei vergleichsweise kreativen Investments, wie etwa Finanzpools oder Aktien aus Schwellenländern oder bestimmten Branchen, sind Kleinanleger bei der Beurteilung häufig überfordert. Welcher Laie kann schon beispielsweise die harten Fakten und damit die Gewinnaussichten einer Biotechnologiefirma richtig einschätzen!

Verschiedene Ausschüttungsmodelle

Grundsätzlich lassen sich zwei Typen von Fonds unterscheiden, und zwar anhand ihres Ausschüttungsmodells. Erwirtschaftet ein Fonds in einem Jahr gute Erträge, können diese wie bei einer Aktiengesellschaft auf zwei Arten behandelt werden: Entweder schüttet der Fonds die Erträge an seine Anleger aus oder sie bleiben im Fonds. Im ersten Fall spricht man von einem ausschüttenden, im zweiten von einem thesaurierenden Fonds.

Ausschüttende Fonds Ausgeschüttet wird in der Regel einmal im Jahr, die Zahlungen können jedoch auch quartalsweise oder monatlich erfolgen. Obgleich Anleger bei dieser Fondsart regelmäßig über ihre Erträge verfügen können, hat sie nicht nur Vorteile: Mit der Auszahlung ist nämlich eine Verringerung des Fondsvermögens verbunden. Deshalb fällt am Tag nach der Ausschüttung in der Regel der Preis der Fondsanteile zunächst in der Höhe des ausgeschütteten Betrags.

Thesaurierende Fonds Unter Thesaurierung versteht man eigentlich das Ansammeln von Werten. Im Zusammenhang mit Fonds bezeichnet der Begriff die Wiederanlage von Zinsen, Dividenden oder ähnlichen Erträgen aus Wertpapieren. Sie werden also nicht ausgeschüttet, sondern einbehalten und sofort wieder in neue Wertpapiere der gleichen Gattung angelegt. So erhöhen sie permanent den Anteilswert. Erst beim Verkauf der Fondsanteile fließen sie dem Anleger zu. Thesaurierungsfonds eignen sich vor allem fürs Vorsorgesparen.

||| Überblick: Fondsarten nach Anlagewerten

Aktienfonds

Aktienfonds investieren ausschließlich in Aktien. Der Anleger erwirbt über den Fonds Anteile an Unternehmen, in dessen Aktien der Fonds investiert. Dabei können Fonds das Guthaben in bestimmten Regionen oder Branchen anlegen oder auch international agieren.

- Aktienfonds folgen der Marktentwicklung und können daher großen Schwankungen unterliegen.

Dachfonds

Ein Dachfonds – auch Fund of Funds genannt – investiert in verschiedene Fonds. Die Streuung der Anlage soll das Risiko minimieren.

- Aufgrund der doppelten Verwaltungsstruktur entstehen bei dieser Anlageform höhere Kosten.

Geldmarktfonds

Geldmarktfonds platzieren das Anlegervermögen in Geldmarkttiteln und liquiden Papieren mit sehr kurzen Laufzeiten, zum Beispiel in festverzinslichen Wertpapieren, Termingeldern oder Schuldscheindarlehen.

▶

■ Attraktive Alternative zum Festgeldkonto: Der Anleger ist nicht an bestimmte Fristen gebunden und kann jederzeit über sein Geld verfügen.

Gemischte Fonds

Bei Mischfonds wird das Kapital sowohl in Aktien als auch in festverzinslichen Wertpapieren angelegt. Je nach Anlageschwerpunkt können Mischfonds sehr verschieden aussehen: Ein Wachstumsfonds hält einen größeren Anteil an Aktien, ein Rentenfonds setzt stärker auf Renten.

Spezielle Form: Altersvorsorgefonds – Sie zielen auf eine angemessene Altersversorgung und achten auf eine überdurchschnittliche Wertsteigerung bei vertretbarem Risiko. Dafür streuen Altersvorsorgefonds sehr breit und investieren gleichzeitig in Aktien, Anleihen und Immobilien.

■ In der Regel sind Höchstgrenzen für den Aktien- und Rentenanteil festgesetzt.

Immobilienfonds

Es gibt geschlossene und offene Immobilienfonds. Zu den Investmentfonds im engeren Sinne zählen lediglich die offenen Immobilienfonds. Der Anleger investiert dabei in Immobilien, Gewerbegrundstücke und in Beteiligungen in- und ausländischer Grundstücksgesellschaften. Der Objektbestand eines Immobilienfonds kann sich durch Erwerb oder Verkauf laufend verändern.

■ Anteile an offenen Immobilienfonds können jederzeit veräußert werden.

▶

Indexfonds

Indexfonds basieren auf einem Aktienindex wie zum Beispiel dem DAX. Der Fonds kopiert dabei die Wertpapiere und ihre Gewichtung im Index. Entsprechend folgt die Wertentwicklung des Fonds der des jeweiligen Aktienindex.

- Interessante Alternative zu anderen Anlageformen mit vergleichsweise geringen Schwankungen.

Rentenfonds

Rentenfonds investieren in festverzinsliche Wertpapiere, Anleihen oder Pfandbriefe. In regelmäßigen Abständen schütten sie Zinsen aus. Der Anleger erhält also regelmäßig ein Einkommen aus dem angelegten Kapital, ähnlich einer Rente.

- Relativ sichere Anlageform mit geringen Schwankungen.

Anhaltend im Trend: Hedge- und Schiffsfonds

Schwergewichte Hedge-Fonds sind die Schwergewichte der Branche. Doch sie sind aufgrund ihrer riskanten Anlagestrategien und ihrer Macht nicht unumstritten. Im Gegensatz zu herkömmlichen Investmentfonds wollen Hedge-Fonds eine Gewinnmaximierung erreichen, indem sie sowohl bei steigenden als auch bei fallenden Kursen Rendite erzielen. Weil sie nicht dem deutschen Investmentgesetz unterstehen, hat der Fondsmanager wesentlich mehr Freiheit bei den Anlagestrategien. Als Beimischung in einem Fondsdepot zeigen sie vor allem in volatilen, also schwankenden Börsenphasen ihre Stärke. Hedge-Fonds investieren entweder in Wertpapiere, Rohstoffe, Optionen, Währungen oder Terminkontrakte. Rund 2.000 Milliarden US-Dollar stecken derzeit weltweit in Hedge-Fonds.

Obgleich natürlich auch Hedge-Fonds mit ihren Wertsteigerungen werben, sollten Anleger diese nicht in erster Linie als Werttreiber für ihr Depot sehen, sondern eher als Möglichkeit, das Risiko breiter zu streuen. Solidität steht vor Spekulation: Je nach Marktlage und Risikobereitschaft des Kunden wählt der Fondsmanager die Strategie. Vor allem Multi-Strategy-Dachfonds senken das Risiko eines Fehlgriffs. Dabei müssen Anleger bereit sein, ihr Kapital für vier bis fünf Jahre zu investieren. Experten raten Laien, zunächst nicht mehr als 5 Prozent des verfügbaren Gelds in Hedge-Fonds zu stecken.

||| Sechs Tipps für die Fondsauswahl

Wer sich beim Fondskauf allein auf die Tipps von Bankberatern verlässt, hat am Schluss nicht unbedingt die beste Wahl getroffen. Anlegerinnen sollten sich selbst schlau machen.

1. **Umsonst ist kein Fonds** Bei der Fondsanlage bezahlen Anleger an vielen Stellen Gebühren: Ausgabeaufschlag, Gesamtkostenquote und Depotbankgebühr schmälern die Rendite. Hier lohnt es sich, verschiedene Angebote zu vergleichen. Außerdem lassen Banken beim Ausgabeaufschlag mit sich handeln – vor allem wenn es um eine größere Anlagesumme geht.
2. **Selber schlau** Im Internet gibt es zahlreiche Seiten, auf denen Fonds mit Analyseprogrammen kostenlos

▶

und eingehend unter die Lupe genommen werden können. Nutzen Sie diese Möglichkeit.

3. **Ins Detail gehen** Informieren Sie sich, in welche Einzelwerte der Fonds investiert. Wem die Einzelwerte nicht gefallen, der wird auch am Fonds keine Freude haben.

4. **Alternativen checken** Wer einen Fonds kauft, sollte sicher sein, dass er aus allen verfügbaren Fonds auswählen kann. Schlägt etwa ein Bankberater einen bestimmten Fonds vor, gilt es kritisch nachzufragen und Alternativangebote einzuholen.

5. **Expertenurteil** Große Ratingagenturen bewerten auch Fonds. Zwar ist ein gutes Rating noch keine Renditegarantie, es weist aber doch auf ein solides Fondskonzept hin.

6. **Nicht die Größe zählt** Bei manch populärem Riesenfonds bleiben vielversprechende kleine Aktien außen vor. Wenn eines der Dickschiffe in ein kleines Unternehmen einsteigen würde, könnte dies den Kurs enorm beeinflussen. Wer in kleinen Wertpapieren große Chancen sieht, sollte auch kleine Fonds in Erwägung ziehen.

Pötte mit Rückenwind Ein anderer Dauerbrenner unter den Fonds sind die Schiffsfonds. Fast 95 Prozent des Weltwarenhandels geht über die Meere. Und die Zukunftsaussichten werten viele Experten als äußerst positiv. Mit geschlossenen Schiffsfonds können Anleger von diesem Trend profitieren. Wer seinem Portfolio einen solchen Fonds beimischt, ist weniger anfällig für Schwankungen auf den Finanzmärkten. Die anhaltende Attraktivität von Schiffsfonds liegt zum einen an der Tonnagesteuer, die den Anlegern nach der pauschalen Gewinnermittlung fast steuerfreie Gewinne beschert. Zum anderen kratzt die bevorstehende Abgeltungssteuer nicht an der Rendite von Schiffsfonds, denn die bleiben bei der Pauschalsteuer außen vor.

Doch es gibt auch Skeptiker. Zwar wollen die meisten Emissionshäuser dem Segment wegen des nachhaltigen Bedarfs an Seeschiffen langfristig treu bleiben. Aktuell sehen einige Manager jedoch Marktbedingungen, die Anlegern keine nachhaltig angemessene Rendite bieten. Die hohen Einkaufspreise führen bei entsprechenden Charterraten und vor dem Hintergrund steigender Betriebskosten dazu, dass sich Schiffsbeteiligungen mit einem vertretbaren Risiko nicht mehr unbedingt im gewohnten Maße mit einer Rendite um 7 Prozent jährlich rechen. Realistisch sind bei Schiffsbeteiligungen für die nächsten Jahre vermutlich eher 5 bis 6 Prozent.

Einstieg ohne Startkapital – Fondssparpläne

Neben der Möglichkeit, einen vorhandenen Geldbetrag direkt anzulegen, können sich Anlegerinnen auch ohne eine größere Anfangsinvestition über einen sogenannten Fondssparplan regelmäßig in kleinen Schritten an Fonds beteiligen.

Bei Fondssparplänen fließen die regelmäßigen Einzahlungen in vorab festgelegte Investmentfons. Von deren Wertentwicklung profitieren die Anleger. Auf diesem Weg lassen sich langfristig auch mit kleinen monatlichen Sparraten ordentliche Gewinne erzielen.

Außerdem bietet das Fondssparen in aller Regel die Möglichkeit, die Sparrate kurzfristig zu verändern. Die Anlegerinnen zahlen in regelmäßigen Abständen eine immer gleich bleibende Summe in einen Sparplan ein. Von diesem Geld kauft das Fondsmanagement regelmäßig Anteile. In schwachen Börsenphasen erhalten die Sparer so mehr Anteile zu einem relativ günstigen Preis. Steigen die Kurse, erhöht sich mit ihnen auch der Wert der bereits erworbenen Anteile. In Zeiten hoher Kurse kauft das Fondsmanagement weniger Anteile. Meistens profitieren die Sparer durch die regelmäßigen Käufe von Börsenschwankungen.

Großer Effekt:
Die Durchschnittskosten

Ein weiteres Plus: Fondssparer profitieren vom sogenannten „Cost-Average-Effekt" (siehe Kasten S. 90 – 91). Dieser Durchschnittskosteneffekt bewirkt, dass Anleger den Vorteil des günstigen Durchschnittspreises pro Fondsanteil nutzen können. Wird eine Investition in eine Anlage über einen längeren Zeitraum verteilt, werden bei fallenden Kursen mehr Anteile erworben. Steigen die Kurse, sind es weniger. Somit werden die Anteile zu einem Durchschnittspreis erworben. Dieser liegt naturgemäß zwar über dem günstigsten Preis der Betrachtungsperiode, jedoch auch unter dem ungünstigsten. Durch dieses Prinzip verteilt sich das Problem des richtigen Einstiegszeitpunkts auf den gesamten Anlagezeitraum. Damit reduziert sich der negative Effekt von Timingfehlern – gleichzeitig kann natürlich auch der Vorteil eines optimalen Timings nicht ausgeschöpft werden.

||| So macht sich der Cost-Average-Effekt bezahlt

Der Cost-Average-Effekt entsteht bei der regelmäßigen Anlage eines gleichbleibenden Betrags. Er wird auch als **Durchschnittskosteneffekt** bezeichnet und beschreibt die Auswirkung von Kursschwankungen bei einer wiederkehrenden Anlage. Das heißt: Investiert ein Anleger beständig eine feste Summe, ist der Durchschnittspreis je Anteil geringer als bei einem regelmäßigen Kauf einer gleichbleibenden Zahl von Anteilen. Dies kann zu einem Anlageerfolg führen, der unter anderen Umständen ausbliebe.

Beispiel: Ein Münzsammler kauft regelmäßig für 100 Euro Goldmünzen. Und obwohl der Goldpreis sinkt, kann er beim Verkauf der Münzen einen Gewinn erzielen.

Investition$_1$: 100,00 Euro
Goldpreis = 100 Euro je Münze
Der Münzsammler erwirbt
eine Goldmünze.

Investition$_2$: 100 Euro
Goldpreis = 50 Euro
Der Münzsammler erwirbt
zwei Goldmünzen.

Verkaufserlös: 225 Euro
Goldpreis = 75 Euro
Der Münzsammler verkauft
drei Goldmünzen.

Der Durchschnittspreis der Goldmünzen liegt bei 66,67 Euro pro Münze und damit unter dem Verkaufspreis ▶

von 75,00 Euro. Der Münzsammler erzielt je Münze einen Gewinn von 8,33 Euro. Hätte der Münzsammler statt des Betrags die Zahl der Goldmünzen festgesetzt, hätte er zu beiden Investitionszeitpunkten je eine Münze erworben – eine zu 100,00 Euro und eine zu 50,00 Euro. Für 150,00 Euro hätte er zwei Münzen besessen und bei einem Preis von 75,00 Euro je Münze demgemäß ohne Gewinn verkauft. Der Durchschnittskosteneffekt hat dem Münzsammler in diesem Fall also eine Rendite beschert.

Dies gilt ebenso für **Investmentfonds**. Denn auch dort ist alternativ zur Einmalanlage ein Sparplan mit wiederholter Anlage möglich. In festgelegten Abschnitten, etwa monatlich, werden zu einem festgelegten Betrag Fondsanteile erworben. Weil die Sparrate fix ist, erwirbt der Anleger automatisch bei steigenden Kursen weniger und bei fallenden Kursen mehr Fondsanteile. Im Durchschnitt ergibt sich dadurch ein niedrigerer Kaufpreis pro Anteil als bei einem einzelnen Kauf.

Aber: Im Verlauf des Ansparens sammelt sich immer mehr Kapital an. Je mehr das Kapital wächst, umso geringer wird der Anteil der einzelnen Rate. Deshalb nimmt der Durchschnittskosteneffekt mit zunehmender Laufzeit eines Sparplans immer weiter ab. Das gesparte Vermögen verhält sich nun nahezu so wie bei einer einmaligen Geldanlage.

Fazit: Der Cost-Average-Effekt kann, muss aber nicht zu einer höheren Rendite führen. Im Voraus lässt sich dies nicht bestimmen. Für eine vorausschauende Anlagestrategie kann er also nur wenig Hilfe leisten.

Exkurs: Der Zinseszins-Effekt

Neben dem Cost-Average-Effekt beeinflusst auch der Zinseszins-Effekt die Rendite von Fondssparplänen positiv. Dieser Effekt kommt bei den unterschiedlichsten Finanzprodukten zum Tragen. Grundsätzlich versteht man unter dem Zinseszins den Zins, der für bereits gutgeschriebene Zinsen eines früheren Berechnungszeitraums gezahlt wird. Bei Fondssparplänen sorgt der Zinseszins-Effekt dafür, dass durch die Wiederanlage der Rendite neue Fondsanteile hinzugekauft werden und somit das Vermögen quasi aus sich selbst heraus wächst. Dieser Effekt fällt umso stärker aus, je länger eine Anlegerin investiert.

Wie sehr sich das Geld auf diesem Weg ohne eigenes Zutun vermehrt, zeigt ein kleines Rechenbeispiel: Wenn eine 40-jährige Anlegerin über 25 Jahre monatlich 150 Euro und damit insgesamt 45.000 Euro investiert, hat sie mit 65 Jahren bei einer Rendite von 8 Prozent 156.362 Euro auf dem Konto. Investiert eine 30-jährige Anlegerin über zehn Jahre jeden Monat 150 Euro, hat sie insgesamt 18.000 Euro einbezahlt. Legt man dieselbe Rendite von 8 Prozent zugrunde und lässt die Anlegerin ihr Geld nach der Einzahlungsphase 25 Jahre lang ruhen, kann sie sich an ihrem 65. Geburtstag über 218.147 Euro freuen.

Gut versichert – Kapitallebensversicherungen

Der Deutschen liebstes Geldanlageprodukt ist die Kapitallebensversicherung. Damit schlagen die Versicherten zwei

Fliegen mit einer Klappe: Im Todesfall sind ihre Hinterbliebenen abgesichert, im Erlebensfall erhalten sie einen schönen Batzen Geld, mit dem sie sich den Ruhestand versüßen können. Kein Wunder also, dass die Zahl der verkauften Policen die der Bundesbürger deutlich überschreitet. Beim Klassiker unter den Versicherungen in Deutschland erhalten Hinterbliebene im Todesfall des Versicherten die volle Versicherungssumme inklusive angefallener Überschussanteile. Für den Erlebensfall, also wenn der Vertrag ausläuft und die Versicherungssumme inklusive der Überschussbeteiligung an den Versicherungsnehmer fällig wird, ist ein Mindestbetrag mit einer Mindestverzinsung garantiert. Diese sorgt auch für einen steten Kapitalaufbau.

Die Höhe der Versicherungsleistung richtet sich nach Eintrittsalter, Laufzeit und Beitrag. Durch die sogenannte Dynamik werden regelmäßig zu Beginn des neuen Versicherungsjahrs die Beiträge und damit die Versicherungssumme erhöht, um die Kaufkraft zu erhalten. Dabei ist keine erneute Gesundheitsprüfung erforderlich, was dieses Modell gerade für ältere Versicherungsnehmer attraktiv macht.

Was viele nicht wissen: Die Versicherungssummen für den Todes- und Erlebensfall müssen nicht gleich hoch sein, sondern können je nach Bedarf individuell geregelt werden. Denn für eine junge Mutter steht der Hinterbliebenenschutz meist im Vordergrund. Darüber hinaus lassen sich allerlei Zusatzversicherungen in die Lebensversicherung einschließen. Dazu zählen unter anderem die Unfalltod-Zusatzversicherung, die Absicherung von Invalidität oder eine Berufsunfähigkeits-Zusatzversicherung.

Versicherung oder Geldanlage?

Das Ziel der meisten Versicherten bleibt jedoch eine sichere Geldanlage bei angemessener Rendite. Als Kombination aus Geldanlageprodukt und Risikolebensversicherung wird die Kapitallebensversicherung auch dieser Anforderung gerecht. Die Versicherung bietet nicht nur Risikoschutz, sondern es wird auch Kapital angespart, das sich um die anfallende Gewinnbeteiligung erhöht.

Ein großes Plus der Kapitallebensversicherung gegenüber manchen staatlich geförderten Renten ist ihre deutlich größere Flexibilität: Ansprüche können nicht nur an eine beliebige Person vererbt oder übertragen werden, die Verträge können während ihrer Laufzeit auch beliehen werden, die Beitragshöhe können Versicherte selbst bestimmen, und prinzipiell sind auch Zuzahlungen während der Laufzeit möglich, wenn außer der Reihe einmal ein Geldbetrag übrig ist. Summa summarum machen diese Eigenschaften Kapitallebensversicherungen für all diejenigen Frauen interessant, die ihre Alters- und Hinterbliebenenversorgung flexibel gestalten wollen.

> Kapitallebensversicherungen sind für alle Frauen interessant, die ihre Alters- und Hinterbliebenenversorgung flexibel gestalten wollen.

Große Renditeunterschiede

Damit die Rechnung zum Vermögensaufbau aufgeht, ist die Wahl der richtigen Versicherungsgesellschaft entscheidend. Denn je nach Anbieter variiert die Auszahlungsleistung erheblich. So errechnete der unabhängige jährliche Vergleich des map-Report im Jahr 2007 bereits bei den Top Ten der Anbieter einen Renditeunterschied von beinahe einem Prozentpunkt. Das klingt undramatisch, macht aber bei einem Vertrag mit einem Jahresbeitrag von 1.200 Euro, 30 Jahren Laufzeit und einem Auszahlungsalter von 60 Jahren einen Unterschied von 18.103 Euro.

Kurzstreckenläufer machen unter dem Strich ein Minus.

Die durchschnittliche Rendite der Aufbauleistung lag bei der Untersuchung nochmals 0,25 Prozent niedriger.

Mit Blick auf die Rendite ist es bei den Kapitallebensversicherungen von zentraler Bedeutung, bis zum Ende der Laufzeit dabeizubleiben und sich nicht – wie mehr als die Hälfte der Versicherten – das angesparte Kapital vorher auszahlen zu lassen oder die Police auf dem wachsenden Zweitmarkt weiterzuverkaufen. Da Provisionen und andere Kosten in den ersten Jahren einen Großteil der Beiträge verschlingen, machen die Kurzstreckenläufer unter den Versicherten in der Regel unter dem Strich ein Minus.

||| Die Fakten auf einen Blick

Einsatzbereich

Kapitallebensversicherungen dienen meist der Altersvorsorge. Die Versicherten können dann über die Ablaufleistung ihrer Lebensversicherung verfügen. Ob sie damit ihren Alltag finanzieren, Kredite tilgen oder ein Eigenheim abbezahlen, bleibt ihnen dabei natürlich selbst überlassen. Immer mehr nutzen den Auszahlungsbetrag auch, um ihn

▶

neu anzulegen – zum Beispiel in eine Rentenversicherung, die bis zum Lebensende monatlich auszahlt.

Garantierte Leistung

Im Versicherungsvertrag ist eine Garantieleistung festgelegt. Diese ist der Anlegerin über die gesamte Laufzeit sicher. Die Versicherungsunternehmen sind gesetzlich verpflichtet, entsprechende Mittel zurückzulegen, um diese Garantie jederzeit erfüllen zu können.

Überschussbeteiligung

Neben der garantierten Leistung bietet eine Kapitallebensversicherung auch eine Überschussbeteiligung. Private Versicherungsunternehmen erzielen Überschüsse, weil sie die Versicherungsprämien ihrer Kunden vorsichtig kalkulieren und gewinnbringend anlegen. Die Überschüsse stammen zum großen Teil aus Zinsgewinnen. Diese Überschussanteile werden in der Regel zur Erhöhung der Versicherungsleistung verwendet. Alternativ können sie auf einem Überschusskonto angesammelt, jährlich von den fälligen Prämien abgezogen oder zur Erhöhung der Versicherungssumme verwendet werden. Beim Bonussystem fließt der jährliche Überschussanteil in eine beitragsfreie Versicherung, die zum gleichen Termin abläuft wie die Grundversicherung. Die Leistung bei Ablauf der Versicherung oder beim Eintritt des Versicherungsfalls setzt sich dann aus der garantierten Versicherungssumme und der Leistung aus den angesammelten Boni zusammen.

Todesfall

Schon nachdem der erste Beitrag überwiesen ist, haben die Hinterbliebenen einen finanziellen Schutz in der vereinbarten Höhe. Diese können Versicherte ihrem individuellen Bedarf angepasst festlegen.

Einmalzahlung

Wer einen größeren Geldbetrag zur Verfügung hat, kann seine Lebensversicherung auch durch eine einmalige Zahlung abschließen. Damit sind Versicherte von den weiteren Beitragszahlungen entbunden und können nach dem Ablauf des Vertrags über ihre Garantiesumme und die zusätzlichen Gewinnanteile verfügen.

Berufsunfähigkeit

Wer bei seiner Zusatzversicherung für Berufsunfähigkeit eine Beitragsübernahme für den Fall der Berufsunfähigkeit wählt, muss im Fall der Fälle die Prämien aus der Hauptversicherung nicht mehr bezahlen, um den Versicherungsschutz für die Hinterbliebenen und die Auszahlung nach Ablauf zu erhalten. Über eine höhere Prämie lässt sich auch zusätzlich eine laufende Rentenzahlung bis zum Ablauf der Zusatzversicherung vereinbaren. Die Dauer der Berufsunfähigkeits-Zusatzversicherung sollte der Laufzeit der Hauptversicherung angepasst sein, damit keine finanziellen Lücken entstehen. Wer beim Berufsunfähigkeitsschutz eine Dynamik einschließt, erhält während der Berufsunfähigkeit nicht nur die Zahlung der aktuellen Beiträge zur Hauptversicherung. Der Versicherer übernimmt in diesem Fall auch einen Beitrag, der jedes Jahr steigt. Somit wächst die garantierte Leistung.

Steuervorteile nutzen

Bei der 2009 in Kraft tretenden Abgeltungssteuer zählen die Kapitallebensversicherungen zu den Gewinnern. Während auf Kapitalerträge wie Zinsen, Dividenden und Spekulationsgewinne künftig 25 Prozent der Rendite als Abgeltungsteuer plus Solidaritätszuschlag und gegebenenfalls Kirchensteuer anfallen, sind die Kapitallebensversicherungen steuerlich gesehen attraktiver. Nachdem Lebensversicherungen in der Vergangenheit nach einer Frist von zwölf Jahren das Privileg der totalen Steuerfreiheit genossen, sind die Auszahlungen neuer Verträge bereits seit 2005 steuerpflichtig. Seither sind die Erträge dieser Versicherungen zur Hälfte mit dem persönlichen Einkommenssteuersatz zu versteuern, wenn die Verträge zwölf Jahre gelaufen sind und die Anleger erst nach dem 60. Lebensjahr auf ihr Erspartes zugreifen. Was die Besteuerung von Kapitallebensversicherungen angeht, ist nach der Einführung der Abgeltungssteuer ab 2009 der Zeitpunkt des Vertragsabschlusses entscheidend (siehe Kasten).

||| Die neuen steuerlichen Regelungen im Überblick

Bis 2004 abgeschlossene Verträge
Wer mindestens fünf Jahre lang Beiträge bezahlt hat, einen Vertrag mit einer Laufzeit von mindestens zwölf Jahren und einem Todesfallschutz in Höhe von mindestens 60 Prozent der eingezahlten Beträge besitzt, kann die Auszahlung auch in Zukunft steuerfrei kassieren. Treffen diese drei Kriterien nicht zu, mussten Versicherte bislang den ge-

▶

samten Ertrag zu ihrem persönlichen Steuersatz versteuern. Künftig fällt stattdessen die Abgeltungssteuer mit 25 Prozent an.

Verträge aus den Jahren 2005 bis 2008

Wer eine Police mit einer Laufzeit von zwölf Jahren oder länger abgeschlossen und zum Auszahlungszeitpunkt das 60. Lebensjahr erreicht hat, muss seine Erträge ab 2009 nach dem sogenannten Halbeinkünfteverfahren versteuern. Das bedeutet, dass nur die Hälfte der Erträge nach dem individuellen Steuersatz versteuert werden müssen. Erfüllt der Versicherungsvertrag diese Kriterien nicht, wird auf den gesamten Ertrag die 25-prozentige Abgeltungssteuer fällig. Kündigt der Versicherte die Police innerhalb von zwölf Jahren, ist er steuerpflichtig. Der Verkauf einer Police innerhalb von zwölf Jahren ist dagegen nicht steuerpflichtig.

Verträge ab 2009

Hier gelten dieselben Regelungen wie für Verträge aus den Jahren 2005 bis 2008. Eine Ausnahme: Auch der Verkauf von Versicherungspolicen innerhalb der ersten zwölf Jahre ist nun steuerpflichtig.

Fondsgebundene Kapitallebensversicherungen Vor dem Hintergrund der drohenden Abgeltungssteuer sehen viele Anlegerinnen in fondsgebundenen Policen eine Alternative. Diese werden vom Staat wie klassische Kapitallebensversicherungen behandelt und sind häufig höher verzinst. Während bei einem klassischen Fondssparplan pauschal 25 Prozent Abgeltungssteuer zuzüglich Solidaritätszuschlag anfallen, werden bei den fondsgebundenen Kapitallebensversicherungen bei einem individuellen Steuersatz von 42 Prozent maximal 21 Prozent Einkommenssteuer fällig. Der Grund ist die Besteuerung nach dem Halbeinkünfteverfahren, bei dem Dividenden nur zur Hälfte berücksichtigt werden. Allerdings zeigt sich gerade bei diesem Beispiel, dass die Steueroptimierung nur ein Aspekt beim Vermögensaufbau ist. Wer nur darauf achtet, verliert das Gesamtpaket aus dem Blick und zieht am Ende den Kürzeren – nicht zuletzt weil sich die steuerlichen Voraussetzungen immer wieder ändern. Außerdem fallen für Fondspolicen im Vergleich zu einem klassischen Fondsinvestment vergleichsweise hohe Gebühren bei den Versicherungen an. Im Ergebnis ist die Direktinvestition in einen Fonds trotz der Steuervorteile der Versicherungen deshalb oft erheblich renditestärker.

Exotisch, ökologisch, gut – alternative Investmentmöglichkeiten

Die Deutschen gelten gern als Vorreiter in Sachen Umweltschutz und Nachhaltigkeit. Kein Wunder, dass viele Anleger ihr Kapital nicht nur für eine gute Rendite, sondern obendrein auch für einen guten Zweck einsetzen möchten. Die Diskussionen in Politik und Gesellschaft über globale Erderwärmung, Kohlendioxidausstoß, Feinstaubbelastung und andere ökologische Probleme verstärken die Anziehungskraft von Ethikfonds und Fonds nachhaltig wirtschaftender Unternehmen. Laut einer Forsa-Umfrage hat ein Fünftel aller befragten Deutschen vor, in solche Produkte zu investieren.

Keine schlechte Idee: Mutter Erde ist eine der größten Investmentmöglichkeiten. Um die Ökosysteme der Welt zu schützen, bedarf es enormer – auch finanzieller – Anstrengungen. Für Anleger ist das eine Chance, mit gutem Gewissen gute Renditen zu erzielen. Wer nicht selbst jedes Unternehmen auf seine Nachhaltigkeit und gleichzeitig auf die Renditechancen hin prüfen will, für den empfehlen sich Nachhaltigkeitsfonds. Hier gibt es Angebote aus den üblichen Fondsgattungen. Nach einer Berechnung des Sustainable Business Institute der EBS (European Business School) gab es Ende 2006 in Deutschland, Österreich und der Schweiz 137 Nachhaltigkeitsfonds mit einem Volumen von 18,2 Milliarden Euro. Ein Jahr später waren es bereits 181 Fonds mit einem Anlagewert von 34 Milliarden Euro. Allein der größte Aktienfonds aus dem Bereich Nachhaltigkeit und Erneuerbare Energien, der Merrill Lynch IIF New Energy Fund, hat ein Volumen von rund 5 Milliarden Euro. In nachhaltigen Rentenfonds steckten Ende 2007 rund 1,7 Milliarden Euro, in nachhaltigen Dach- und Mischfonds 2,4 Milliarden Euro.

> **Mutter Erde ist eine der größten Investmentmöglichkeiten – für Anleger die Chance, mit gutem Gewissen gute Renditen zu erzielen.**

Nachhaltigkeitsfonds: Unterschiedliche Ansätze

Nachhaltigkeitsfonds sind Investmentkörbe, in denen Aktien von Unternehmen liegen, die nach gewissen ökologischen Kriterien arbeiten. Die Ansätze der Fonds sind unterschiedlich: Einige investieren nach dem sogenannten „Best-in-class-Ansatz", bei dem aus jeder Branche jenes Unternehmen ausgewählt wird, das am nachhaltigsten wirtschaftet, also „Klassenbester" ist. So kann auch mal ein Ölkonzern vertreten sein, der die sicherste Tankerflotte seiner Branche hat. Nach einem anderen Ansatz werden gewisse Branchen von vornherein ausgeschlossen, etwa Rüstungsbetriebe oder Zigarettenhersteller. Wiederum andere Fondsmanager konzentrieren sich auf bestimmte ökologische Themen wie Wasseraufbereitung oder die Nutzung von Wind- oder Sonnenenergie. Die Renditespanne ist groß: Zwischen der höchsten und niedrigsten Wertsteigerung lagen in den vergangenen Jahren oft 50 Prozent und mehr. Grundsätzlich sind die meisten Anlageberater überzeugt, dass Nachhaltigkeitsfonds aufgrund der exorbitanten Bedeutung des Faktors Natur gute Chancen haben, langfristig besser zu laufen als herkömmliche Fonds.

Für Anlegerinnen, die prüfen wollen, ob ein Fonds sich tatsächlich an seine propagierten Anlagekriterien hält, empfiehlt es sich, die Berichte der Fonds über ihre Investments zu studieren. Darüber hinaus geben Institute wie das Sustainable Business Institute Auskunft. Außerdem haben die Börse Hannover und Oekom Research einen globalen Nachhaltigkeitsindex aufgelegt, der von einer spezialisierten Ratingagentur kontrolliert wird: den Global Challenges Index GCI. Er umfasst 50 Unternehmen, die sich aktiv sieben weltweiten Herausforderungen dieses Jahrtausends stellen: Klimawandel, Armut, Trinkwasserknappheit, nachhaltige Waldwirtschaft, Artenvielfalt, Bevölkerungsentwicklung und gute Unternehmensführung.

Mal was anderes: edler Wein und alte Schinken

Die Strategen des britischen Eisenbahner-Pensionsfonds waren echte Pioniere und lösten 1974 mit ihren Plänen fast einen Skandal auf der Insel aus: 40 Millionen Pfund sollten die Experten des Auktionshauses Sotheby's in Gemälden, Möbeln und Porzellan anlegen und damit eine gute Rendite für die Eisenbahner erwirtschaften. Aller Unkenrufe zum Trotz ging die Rechnung auf: Die über mehrere Jahre erworbenen Kunstgegenstände hatten ein Vierteljahrhundert später eine jährliche Rendite von beinahe 12 Prozent erwirtschaftet – mehr als viele Aktienfonds oder Immobilieninvestments. Heute

Bei Anlagen in Gemälden ist die Rendite niedriger als bei klassischen Finanzmarktinvestments, das Risiko jedoch höher.

sind Geldanlagen in alte Meister, Ming-Vasen oder Biedermeiersekretäre üblich. Nicht umsonst stecken Topmanager oder Spitzenpolitiker, Anwälte oder Unternehmer, die etwas auf sich halten, viel Geld in moderne und alte Kunstwerke für Heim und Büro. In manchem Anlageportfolio ist der Miró an der Wand das mit Abstand wertvollste Papier.

Die Investition in Kunst lohnt allerdings nicht immer. Der Grund: Beim Handel mit Gemälden oder antikem Porzellan bewegt man sich in einem sogenannten unvollkommenen Markt, der insgesamt wenig transparent ist und dessen Güter nicht gleichartig sind. Studien belegen, dass die Rendite bei Anlagen in Gemälden niedriger ist als bei klassischen Finanzmarktinvestments – das Risiko jedoch höher. Dazu trägt auch die Vielzahl von Fälschungen bei, auf die selbst Fachleute immer wieder hereinfallen. Von Salvador Dalí soll es gar mehr gefälschte als echte Werke geben – nicht ganz ohne Zutun des Meisters, der selbst Blankobögen signiert haben soll. Tröstlich, dass Anleger mit langem Atem bei Kunstgütern und Blick auf das Wohl ihrer Nachkommen durchaus richtig liegen können. Betrachtet man die Entwicklung über Jahrhunderte hinweg, ist der Basistrend der Preise durchaus aufwärts gerichtet. Ein weiterer Hoffnungsschimmer für kulturbegeisterte Anleger: Echte Bilder und Antiquitäten lassen sich nicht beliebig vermehren, durch das steigende Einkommen breiter Bevölkerungsschichten soll sich jedoch die Nachfrage prinzipiell erhöhen.

Wein, Kunst und Diamanten: Nur für Kenner

Fast ebenso schön für die Seele und nicht allein durch Alter wertvoll ist Wein. Wer in den richtigen Bordeaux investiert, holt mehr raus als mit Aktien, Kunst oder Gold. Als Investment eignen sich aber nur Spitzenweine. Dazu zählen die jeweils besten Jahrgänge von rund 20 Gütern wie Mouton- oder Lafite-Rothschild, Pétrus, Latour oder Margaux. Doch es gibt auch immer wieder Newcomer, die sich durchsetzen. Ähnlich wie bei Antikem ist die Preissteigerung bei guten Weinen programmiert, denn wie überall bestimmen auch hier Angebot und Nachfrage den Preis. Da auch bei Spitzenweinen mit der Zeit immer mehr Flaschen ausgetrunken werden, reduziert sich das Angebot; die Nachfrage ist dagegen in den letzten 20 Jahren stark gestiegen. Die Spitzen-Châteaus produzieren dabei nicht mehr Wein als früher. Vor 20 bis 30 Jahren haben nur ein paar Industrielle, einige Adlige und eine Handvoll Hanseaten in Wein investiert, doch mittlerweile hat sich eine regelrechte Weinkultur entwickelt. Und in weiten Teilen der Erde — etwa in Fernost oder Osteuropa — fängt man gerade erst an, sich für Wein zu interessieren.

Für Laien ist die selbstständige Kapitalvermehrung über edle Tropfen allerdings schwierig. Um eine der unbekannten Perlen zu finden, die später eine Weinprobe gewinnen und damit ihren Wert in kürzester Zeit vervielfachen, muss man schon sehr viel Glück haben. Ebenfalls gefährlich ist die Investition in sogenannte Primeur-Weine, also Bordeaux-Weine in der Zeit zwischen Lese und Abfüllung. Topweine sind erst nach zehn Jahren trinkreif. Einen Wein zu bewerten, bevor er in der Flasche ist, birgt aber immer ein Risiko. Eine Alternative stellen Weinfonds dar, bei denen die Anleger Experten die Auswahl überlassen. Die Fondsmanager kaufen die Weine rund 10 bis 20 Prozent unter dem Marktpreis ein. Nachdem die edlen Tröpfchen einige Jahre gelagert wurden und ihren Wert kräftig gesteigert haben, werden sie verkauft. Die Rendite ergibt sich aus dem erzielten Verkaufspreis abzüglich Nebenkosten. Bei manchen Fonds können sich die Anleger die Weine auch ausliefern lassen.

> **Um eine unbekannte Perle zu finden, die später ihren Wert vervielfacht, muss man schon sehr viel Glück haben.**

Diamonds: A girl's best friends? Alternative Anlageprodukte von Kunst über Gold und Diamanten bis hin zum Wein bieten auch eine Möglichkeit, Bargeld in werthaltige Güter zu verwandeln. Dabei hat allerdings manch einer schon viel Geld verloren. So sollte der mit Tausenden von Diamanten besetzte Platinschädel des britischen Skandalkünstlers

Damien Hirst einer der Megacoups der Kunstwelt werden – und wurde ein Riesenflop. Der Künstler wollte für sein Werk mindestens 100 Millionen Dollar. Am Ende wollte die Skulptur selbst für den „Materialpreis" von 30 Millionen Dollar keiner haben. Privatanlegerinnen, die mit dem Gedanken spielen, ihr Geld in Diamanten zu stecken, sollten sich daran erinnern. Denn Diamanten haben ein grundsätzliches Problem: Da es anders als bei Gold keinen geregelten Börsenhandel und kein tägliches Preisfixing gibt, bestimmt der Käufer den Wert. Wer sich nicht auskennt, kann den Wert der glitzernden Steinchen kaum bestimmen und sollte daher auf Diamanten als reine Geldanlage verzichten. Wer allerdings die Kohleatome nicht als Rohdiamanten, sondern etwa in Form eines üppigen Colliers erworben hat, kann sich ebenso wie der Kunstsammler, der einem Fälscher aufgesessen ist, mit dem schönen Schein trösten. Bei einem Investment in die falsche Unternehmensaktie ist das schon schwieriger.

Volles Risiko – Futures, Optionen und andere Derivate für erfahrene Anleger

Das lateinische Wort *derivare* bedeutet „ableiten". Derivate sind demnach Finanzprodukte, die aus anderen Anlageobjekten wie Wertpapieren oder Aktien abgeleitet sind. Unter den Oberbegriff fallen Zertifikate, Wertpapiere wie Optionsscheine und Kontrakte wie Futures oder Optionen. Der Kurs dieser komplexen Finanzprodukte hängt von den Preisschwankungen der zugrunde liegenden Basiswerte ab. Basiswerte können zum Beispiel Aktien oder Rohstoffe sein. Der

Markt für Optionen, Optionsscheine und Futures nennt sich **Terminmarkt**, da bei den dort getätigten Geschäften Abschluss und Erfüllung zeitlich voneinander getrennt sind: Beim Abschluss vereinbaren die Vertragsparteien einen Preis, zu dem an einem bestimmten Termin eine festgelegte Menge Ware geliefert, abgenommen und bezahlt werden soll.

Anlegerinnen mit Mut zum Risiko eröffnen Derivate die Möglichkeit, überproportionale Gewinne zu erzielen – im schlimmsten Fall droht jedoch ein Totalverlust. Sie sollten also genau wissen, was sie tun, wenn sie ihr Geld in Zertifikate, Optionsscheine, Optionen oder Futures stecken. Leider ist dies häufig nicht der Fall. Bei allen Modellen handelt es sich unter dem Strich um eine Art Wette im Finanzbereich. Und wie bei jeder Wette gewinnt der, der es besser weiß. Aus diesem Grund sollten Frauen, die nicht bereit sind, sich eingehender über die infrage kommenden Produkte zu informieren, die Finger von Derivaten lassen. Nicht umsonst werden diese auch als das „große Einmaleins der Finanzprodukte" bezeichnet. Und nicht nur in der Schule fängt man mit gutem Grund zunächst mit dem kleinen Einmaleins an. Ehe man also auf abgeleitete Finanzprodukte setzt, sollte man schon ein bisschen was über die Basiswerte wissen.

> **Derivate sind das große Einmaleins der Finanzprodukte – doch wie in der Schule sollte man zuerst das kleine Einmaleins beherrschen.**

Groß in Mode: Zertifikate

Auch in der Welt der Finanzprodukte gibt es Moden. „In" sind derzeit zum Beispiel Zertifikate. Vor allem Geldinstitute überschwemmen Privatanleger mit einer Flut von Angeboten. Jedes Jahr werden Zertifikate für mehrere hundert Milliarden Euro gehandelt. Leicht zu verstehen sind die Produkte in der Regel nicht – ihrer Beliebtheit tut das aber keinen Abbruch. Nicht immer tragen die Angebote das Wort Zertifikat im Namen, immer jedoch versprechen sie den Einstieg in die unterschiedlichsten Märkte, ohne direkt in die entsprechenden Wertpapiere oder sonstigen Finanzprodukte investieren zu müssen.

Unter den Sammelbegriff Zertifikate fallen unterschiedliche Finanzprodukte. Gemeinsam ist diesen, dass der Emittent (Herausgeber) verschiedene Anlageformen mit unterschiedlichen Renditemöglichkeiten und Risiken kombiniert. Im Prinzip handelt es sich bei Zertifikaten um eine Mischung von Wertpapier- und/oder Terminmarkt-Elementen. Dabei liegt dem Zertifikat immer ein **Basiswert** zugrunde. Dies kann ein Index, ein speziell zusammengestellter Aktienkorb (Basket-Zertifikate) oder eine Währung sein. Daneben gibt es auch Zertifikate, die auf einzelnen Aktien, festverzinslichen Wertpapieren, Rohstoffen oder Investmentfonds basieren. Da es sich bei Zertifikaten um abgeleitete Finanzprodukte handelt, bestimmt die Entwicklung des Basiswerts auch die Entwicklung des Zertifikats. Zertifikate besitzen in der Regel eine festgelegte Laufzeit. Während dieser können sie an der Wertpapierbörse oder außerbörslich direkt über den Emittenten ge- und verkauft werden. Für ihren Besitzer verbriefen die Zertifikate die Teilnahme an der Kursentwicklung der Basiswerte.

||| Zertifikate: Hier liegen die Risiken

Abhängigkeit vom Basiswert Meist spiegelt der Zertifikatspreis die Entwicklung der Basiswerte während der Laufzeit nicht genau wieder. Der Preis wird auch beeinflusst durch das Zinsniveau, die Markterwartung und eine möglicherweise durch ein Limit (Cap) eingeschränkte Rendite.

Kurs Da der Preis des Basiswerts den des Zertifikats maßgeblich bestimmt, tragen Zertifikatsinhaber immer auch das Risiko der Kursänderung bei den Basiswerten mit.

Liquidität Als eigenständig gehandelte Wertpapiere sind Zertifikate dem Einfluss von Angebot und Nachfrage ausgesetzt. Obwohl die Emittenten normalerweise laufend An- und Verkaufspreise für ihre Zertifikate stellen, sind sie hierzu nicht verpflichtet. Außerdem können die An- und Verkaufspreise deutlich voneinander abweichen (Spread).

Emittent Ist der Emittent zahlungsunfähig, sieht es für den Anleger schlecht aus. Ebenfalls problematisch wird es, wenn die Unternehmen, auf deren Wertpapieren das Zertifikat basiert, insolvent sind.

Ähnlich wie Investmentfonds öffnen Zertifikate Anlegerinnen den Zugang zu professionellen Anlagestrategien. Mit dem Kauf eines Zertifikats beteiligt man sich direkt an der Entwicklung eines Indexes oder einer speziellen Mischung von Papieren und hat die Möglichkeit, das Risiko im eigenen Portfolio zu streuen, ohne sich selbst um den Kauf von diversen Einzelaktien kümmern zu müssen. Dabei sind Zertifikate rechtlich gesehen Inhaberschuldverschreibungen. Sie werden mit begrenzter oder unbegrenzter Laufzeit von den Emittenten, meist sind dies Geldinstitute, herausgegeben. Die Anleger bezahlen dafür Depotgebühren, Ausgabeaufschläge, den Spread sowie Verwaltungs- und Managementkosten. Für die Anleger ist vor allem der **Spread** – die Differenz zwischen An- und Verkaufskurs an der Börse – von Bedeutung; er liegt in der Regel zwischen 0 und 5 Prozent.

Der Käufer eines Zertifikats erhält kein Eigentums- oder Aktionärsrecht, verfügt dafür aber über das Recht auf die Rückzahlung eines Geldbetrags oder auf die Lieferung des Basiswerts. Dabei hängt der Rückzahlungsbetrag zum einen von der Kursentwicklung des Basiswerts zu einem bestimmten Stichtag ab. Zum anderen bestimmen ihn die konkrete Ausgestaltung und Struktur des jeweiligen Zertifikats.

Zertifikate sind rechtlich gesehen Inhaberschuldverschreibungen.

Das entscheidende Kriterium für den Wert eines Zertifikats ist aber vor allem die Zahlungsfähigkeit oder Bonität des Emittenten. Das Ausfallrisiko ist insgesamt jedoch vergleichsweise gering, da Zertifikate meist von großen Banken herausgegeben werden. Dabei muss der Verkäufer eines Zertifikats nicht immer auch der Emittent sein. Anleger sollten also immer genau hinschauen. Die meisten Zertifikate können jederzeit beim Emittenten oder über die Börse ge- und verkauft werden.

Im Vergleich zu Fonds bieten Zertifikate generell eine geringere Sicherheit. Während bei einem Fonds das Vermögen der Fondsgesellschaft und das Geld der Anleger nicht vermischt werden, leiht der Anleger beim Kauf eines Zertifikats der Bank Geld, die dieses ausgibt. Im Extremfall, einer Pleite des Finanzinstituts, kann der Anleger einen Totalverlust erleiden, wenn die Konkursmasse nicht ausreicht, um alle offenen Beträge zu begleichen. Weniger dramatisch, dafür auch nicht ganz so unwahrscheinlich ist es, dass der Anleger seine Zertifikate im Bedarfsfall nicht gleich verkaufen kann. Steuerlich ändern sich durch die Abgeltungssteuer (siehe S. 138) die Voraussetzungen für die Geldanlage in Zertifikaten. Während Anlegerinnen, die Indexzertifikate vor dem 15. März 2007 gekauft haben, ihre Kursgewinne nach Ablauf der Spekulationsfrist steuerfrei

Im Extremfall kann der Anleger einen Totalverlust erleiden.

einstreichen können, gilt für Käufe nach dem 15. März eine Übergangslösung: Wer jetzt Indexzertifikate kauft und vor dem 30. Juni 2009 wieder verkauft, kann Kursgewinne steuerfrei mitnehmen, sofern die einjährige Spekulationsfrist abgelaufen ist. Anleger, die ihre Zertifikate danach verkaufen, müssen 25 Prozent Abgeltungssteuer berappen.

||| Die wichtigsten Zertifikat-Typen

Über das Zertifikat beteiligt sich der Anleger indirekt an Werten. Er erwirbt dadurch die Möglichkeit, von der Wertsteigerung einer Aktie oder eines Index zu profitieren. Inzwischen gibt es mehr als 200 000 solcher Papiere auf dem deutschen Markt – aus dieser Fülle können Anlegerinnen dasjenige auswählen, das ihrer persönlichen Risikobereitschaft und Renditeerwartung entspricht.

▶

Garantiezertifikate

Mit dem Garantie- oder Kapitalschutzzertifikat können sich
Anleger gegen Kursverluste absichern. Es garantiert die
Rückzahlung des eingesetzten Geldes oder eines bestimm-
ten Prozentsatzes zu einem festen Termin. Je höher die
Garantie, desto höher auch der Verzicht auf einen Teil der
möglichen Kursgewinne.

Sicherheit ◢_____ **Risiko**

Discountzertifikate

Beim Kauf erhält der Anleger einen Rabatt auf den Aktienkurs oder Indexwert. Der Abschlag dient als Puffer bei fallenden Aktienkursen. Der Anleger erleidet nicht sofort
einen Verlust, kommt im Gegenzug allerdings nur begrenzt
in den Genuss einer positiven Wertentwicklung.

Sicherheit _____◢_____ **Risiko**

Indexzertifikate

Hier investiert der Anleger nicht in Einzelwerte, sondern
in diverse Aktien. Das Zertifikat bildet einen Index ab –
meist im Verhältnis 1:100. Das heißt, wenn der DAX
bei 6 700 Punkten notiert, zahlt ein Anleger für ein
Zertifikat 67 Euro. Das Zertifikat entwickelt sich mit dem
Index.

Sicherheit _____◢_____ **Risiko**

Basket-Zertifikate

Wie Indexzertifikate investieren Basket-Zertifikate in
verschiedene Aktien. Sie sind aber nicht an einen Index
gebunden, sondern beziehen sich etwa auf Branchen oder

▶

Regionen. Die Gewichtung der einzelnen Aktien kann der Anleger frei bestimmen und falls nötig anpassen.

Sicherheit _____△_____ **Risiko**

Barrier-Zertifikate

Bleibt der Aktienkurs in der gesamten Laufzeit oberhalb einer vorher festgelegten Kursschwelle (Barriere), erhält der Anleger eine Prämie. Wird die Kursgrenze unterschritten, erhält der Anleger lediglich den aktuellen Kurswert am Ende der Laufzeit. Barrier-Zertifikate werden auch Bandbreiten- oder Bonuszertifikate genannt.

Sicherheit _____△_____ **Risiko**

Hebelzertifikate

Der Anleger setzt hier auf fallende oder steigende Kurse. Der Hebel gibt an, um wie viel Prozent der Preis des Zertifikats sinkt oder steigt. Über den Hebeleffekt kann der Anleger schon mit geringem Kapitaleinsatz innerhalb kurzer Zeit hohe Gewinne erwirtschaften. Aber diese Anlageform ist risikoreich: Wird während der Laufzeit ein vorher festgelegter Kurs (die Knock-out-Schwelle) unterschritten, ist das Zertifikat wertlos und der Anleger erfährt einen Totalverlust.

Sicherheit _____△___ **Risiko**

Exotische Zertifikate

In der Regel wagen sich nur Profis mit speziellen Marktkenntnissen an besondere Zertifikate. Darunter sind Zertifikate, die mehrere Rohstoffe oder eine bestimmte Währung verbriefen. Sie bergen ein schwer einschätzbares Risiko.

Sicherheit _____△___ **Risiko**

Können, nicht müssen: Optionen, Optionsscheine und Optionsanleihen

Bei Optionen und Optionsscheinen schließen Anlegerinnen einen Kontrakt ab, der ihnen das Recht gibt, zu einem bestimmten Zeitpunkt und sofern bestimmte Bedingungen eingetreten sind, ein Wertpapier oder ein Produkt zu einem vorher vereinbarten Preis (dem Basispreis) zu kaufen oder zu verkaufen. Eine Kaufoption heißt **Call**, eine Verkaufsoption **Put**. Den Basiswert solcher Termingeschäfte nennt man auch „Underlying". Solche Underlyings können sich nicht nur auf Aktien, Anleihen, Währungen oder Rohstoffe beziehen. Möglich sind auch abgeleitete Instrumente wie zum Beispiel Aktien- oder Rentenindizes.

Optionen Der Vertrag gibt dem Käufer (Inhaber) das Recht und dem Verkäufer (Stillhalter) die Verpflichtung, innerhalb der sogenannten Optionsfrist bis zum Verfalldatum der Option den Basiswert zum Basispreis zu kaufen oder zu verkaufen. Für dieses Recht zahlt der Käufer dem Stillhalter einen bestimmten Betrag, den Optionspreis. Die Betonung liegt hier auf „Recht" – das heißt, der Optionsinhaber muss nicht kaufen oder verkaufen, sondern kann die Option auch verfallen lassen. Deshalb bezeichnet die Fachwelt Optionen auch als „bedingte" Termingeschäfte. Optionen sind im Hinblick auf Laufzeit, Basispreis und Kontraktgröße standardisiert und werden an Terminbörsen gehandelt. Die wichtigste Terminbörse ist die Eurex. Dort bestimmen Angebot und Nachfrage den Preis der Option für Käufer und Verkäufer.

Optionsscheine Ähnlich wie Optionen sind Optionsscheine (englisch: Warrants) konstruiert. Diese Papiere verbriefen ebenfalls das Recht zum Kauf beziehungsweise Verkauf eines Basiswerts zu einer bestimmten Zeit und einem festgelegten Preis. Bei amerikanischen Optionsscheinen ist meist eine Zeitspanne festgelegt, innerhalb derer das Geschäft stattfindet, bei europäischen ein fester Zeitpunkt. Call-Optionsscheine berechtigen zum Kauf, Put-Optionsscheine zum Verkauf. Anders als Optionen sind Optionsscheine aber nicht standardisiert, weswegen sich die Papiere der verschiedenen Anbieter zum Beispiel im Hinblick auf die Laufzeit unterschieden. Angeboten werden Optionen meist von Banken oder Finanzdienstleistern. Zwischen diesen Emittenten und der Anlegerin entsteht ähnlich wie bei einer Anleihe ein Schuldverhältnis. Die Laufzeit von Optionsscheinen ist von vornherein festgelegt und liegt meist zwischen einem halben und zwei Jahren. Statt der tatsächlichen Lieferung des Basiswerts erfolgt am Ende der Laufzeit in der Regel ein Barausgleich (Cash Settlement).

Optionsanleihen Dies sind festverzinsliche Wertpapiere, die das Recht zum Erwerb von Aktien in einem von der Anleihe abtrennbaren Optionsschein verbriefen. Die Aktien kann man gegen Hergabe des Optionsscheins zu vorab festgelegten Konditionen beziehen. Dabei wird nicht die Optionsanleihe selbst getauscht. Sie bleibt bis zu ihrer Rückzahlung bestehen. Für Optionsanleihen gibt es bis zu drei Börsennotierungen: Neben dem Kurs für die Anleihe mit Optionsschein („cum") auch einen für die Anleihe ohne Optionsschein („ex") und einen nur für den Optionsschein. Insgesamt ist beim Handel mit Optionen und Optionsscheinen Vorsicht geboten: Wenn sich der Kurs des Basiswerts rückläufig entwickelt, fallen zum Beispiel die Werte von Call-Optionen und -Optionsscheinen überdurchschnittlich. Ist am Ende der Laufzeit des Calls der Basispreis der Aktie niedriger als der Aktienkurs, erleiden Anlegerinnen einen Totalverlust. Es kann daher sinnvoll sein, Optionen oder Optionsscheine einige Zeit vor dem Ende der Laufzeit zu verkaufen – auch wenn dies einen Verlust einschließt. Prin-

Als Einstieg in das Thema Geldanlage sind diese Produkte nicht geeignet.

zipiell sollten sich Anlegerinnen beim Handel mit Optionen und Optionsscheinen immer des vergleichsweise hohen Risikos bewusst sein. Als Einstieg in das Thema Geldanlage sind diese Produkte so wenig geeignet wie als langfristige, sicherheitsorientierte Geldanlage. Die Laufzeiten sind vergleichsweise kurz, die Schwankungen relativ hoch. Erfahrene Kapitalmarktexpertinnen haben mit diesen spekulativen Anlagemöglichkeiten jedoch gute Chancen, in einer überschaubaren Zeitspanne überdurchschnittliche Gewinne zu erzielen.

Futures: Wetten auf die Zukunft

Ein Geschäft zwischen Getreidebauer und Brotfabrikant Futures ist der englische Begriff für an der Börse handelbare Terminkontrakte. Damit ein Future (englisch für „Zukunft") entsteht, sind zwei Vertragspartner erforderlich, deren Erwartungen an die Zukunft sich unterscheiden. Das kann zum Beispiel ein Bauer sein, der sich gegen sinkende Getreidepreise schützen möchte, und auf der anderen Seite ein Brotfabrikant, dem steigende Preise Sorgen machen. Der Bauer

ist Verkäufer des Terminkontrakts, der Fabrikant der Käufer. Beide einigen sich nun auf einen bestimmten Preis für ein Geschäft in der Zukunft.

Im Gegensatz zu den halbseitig verpflichtenden Optionen ist ein Future ein für beide Parteien verbindlicher Börsenvertrag. Neben der Lieferung und der Abnahme sind darin bei Vertragsabschluss auch der Basiswert als Vertragsgegenstand, die Kontraktgröße (Menge), die Qualität, der Termin – ein bestimmter, in der Zukunft liegender Zeitpunkt – sowie der konkrete Preis festgelegt.

Zwei Typen Der Wert eines Futures hängt vom Wert des Basiswerts ab. Gehandelt werden Futures am Terminmarkt. Mit **Financial Futures** und **Commodity-Futures** gibt es zwei Typen, die sich im Hinblick auf ihre Basiswerte unterscheiden. Zu den Basiswerten von Financial Futures zählen zum Beispiel Aktienindizes, Devisen oder Zinsen. Commodity-Futures basieren dagegen auf realwirtschaftlichen Objekten wie Rohstoffen oder landwirtschaftlichen Produkten.

Auch im Hinblick auf die Geschäftsart lassen sich zwei Typen von Futures unterscheiden. Bei der sogenannten **Long-Position** besteht die Pflicht, bei Fälligkeit den vereinbarten Preis zu zahlen und den Basiswert abzunehmen. Die **Short-Position** verpflichtet, den Basiswert zu liefern, im Gegenzug erhält der Lieferant den Kaufpreis.

> **Mit dem Erwerb von Futures kaufen Investoren den Produzenten und Händlern die Preisrisiken ab.**

Allerdings finden beide Geschäfte heute in der Regel nicht mehr tatsächlich statt. Die Erfüllung durch eine Lieferung des Basiswerts wird in der Regel durch einen Barausgleich ersetzt. Als Kaufverträge auf die Zukunft werden Futures an den Terminbörsen von Spekulanten gehandelt, die davon profitieren, dass die Preise von Futures vergleichsweise niedrig sind und stark schwanken. So locken enorme Erträge. Durch die rechtliche Pflicht zur Vertragserfüllung drohen aber auch Verluste, die weit über den Einsatz hinausgehen. Mit dem Erwerb von Futures kaufen Investoren den Produzenten und Händlern praktisch die Preisrisiken ab. Anlegerinnen sollten dies nur wagen, wenn sie mit dieser Art Finanzgeschäfte vertraut sind, über ausreichende Kenntnisse bei den zugrunde liegenden Basiswerten verfügen und genügend Geld haben, um mögliche Verluste zu verkraften.

Gut zu wissen ...

Den Nachwuchs absichern – Eltern sparen für ihre Kinder

Marianne P. ist Krankenschwester und Mutter von drei Kindern. Was für die wichtig ist, weiß die 36-Jährige genau: „Kinder brauchen frische Luft. Und eine abgesicherte Zukunft." Doch das ist oft leichter gesagt als getan. Denn Kinder sind nicht nur tagtäglich zum Beispiel in puncto Windeln, Musikschule oder Turnschuhe ein teures Vergnügen, sondern auch bei der Vorsorge. Nach Berechnungen der Stiftung Warentest müssen Eltern für die ersten 18 Lebensjahre ihres Kindes rund 100.000 Euro springen lassen. Danach beginnen im Schnitt 37,5 Prozent eines Geburtenjahrgangs in Deutschland ein Studium. Nach Angaben des Bundesministeriums für Bildung und Forschung belaufen sich die Kosten eines Studiums inklusive der Lebenshaltungskosten auf durchschnittlich 40.000 Euro. Dabei sind die Studiengebühren noch gar nicht berücksichtigt. Und auch wenn es den Nachwuchs nicht an die Uni zieht, können die Ausbildungskosten schwer zu Buche schlagen. So sind beispielsweise Auslandsaufenthalte zur Verbesserung der immer wichtigeren Fremdsprachenkenntnisse für viele Familien nicht einfach aus der Haushaltskasse zu finanzieren. Und dennoch: Wer will seinen Kindern nicht die beste Ausbildung ermöglichen? Erhöht sie doch die Startchancen in ein erfolgreiches Berufsleben und damit in eine finanziell gesicherte Zukunft erheblich. Deshalb ist der Aufbau eines Kapitalstocks für die Ausbildung von Tochter oder Sohn für verantwortungsbewusste Eltern ein Aspekt, den sie in ihrem individuellen Vorsorgekonzept unbedingt berücksichtigen sollten.

Vater Staat beteiligt sich Die wenigsten Familien schütteln das nötige Kleingeld dafür einfach aus dem Ärmel. Da können die staatlichen Förderungen durch besondere Gelder und Zulagen sowie durch steuerliche Vergünstigungen zumindest eine Hilfestellung sein. Für die

> „Kinder brauchen frische Luft. Und eine abgesicherte Zukunft."

ersten drei Kinder bezahlt der deutsche Staat derzeit monatlich je 154 Euro Kindergeld und für jedes weitere Kind 179 Euro. Das Kindergeld fließt bis zum 18. Geburtstag des Kindes, unter bestimmten Voraussetzungen sogar noch einige Jahre darüber hinaus. Zusätzlich wird im Rahmen der Einkommensteuererklärung geprüft, ob sich die Berücksichtigung des Kinderfreibetrags zuzüglich des Freibetrags für den Betreuungs- und Erziehungs- oder Ausbildungsbedarf des Kindes von insgesamt 5.808 Euro pro Kind und Jahr (Stand: 2008) steuerlich günstiger auswirkt. Kinderfreibetrag und Betreuungsfreibetrag werden unabhängig vom tatsächlichen Aufwand veranschlagt.

Etwas aufwendiger wird die Sache, sobald die Kleinen volljährig sind (siehe Kasten rechts). Eltern, deren Nachwuchs knapp über der Grenze von 7.680 Euro liegt, sollten unbedingt Sozialversicherungsbeiträge und Werbungskosten abziehen – mit etwas Glück reicht es dann für die Weiterführung der Vergünstigungen.

||| **Voraussetzungen für die Weiterführung von Kindergeld, Kinder- und Betreuungsfreibeträgen nach dem 18. Lebensjahr**

In den Genuss staatlicher Leistungen kommen Familien dann nur noch, wenn das Einkommen und die sonstigen Bezüge von Sohn oder Tochter den jährlichen Betrag von 7.680 Euro nicht überschreiten UND

- der junge Erwachsene arbeitslos ist oder
- sich in der Ausbildung befindet oder
- trotz nachweislicher Bemühung keinen Ausbildungs- oder Studienplatz findet oder
- ein freiwilliges soziales oder ökologisches Jahr ableistet oder
- sich in einer maximal viermonatigen Übergangszeit zwischen Schule und Berufsausbildung befindet.

Steuerliche Vergünstigungen ausschöpfen Neben diesen staatlichen Direktleistungen geben auch verschiedene Steuervergünstigungen Eltern etwas Spielraum für den Aufbau einer Ausbildungssicherung. Das fängt bei der Möglichkeit für Verheiratete an, durch die Wahl der günstigsten Steuerklassen oder die gemeinsame Veranlagung über das Ehegattensplitting kräftig zu sparen, und geht bis hin zu Freibeträgen. Da gibt es etwa den Entlastungsbetrag für Alleinerziehende oder den Ausbildungsfreibetrag für Eltern volljähriger Kinder, die nicht mehr zu Hause wohnen. Dabei gilt: Je höher das Einkommen, desto größer die Wirkung der Freibeträge. Neben dem Betreuungsfreibetrag können auch die tatsächlichen Aufwendungen für die Kinderbetreuung sowie besondere Aufwendungen wie zum Beispiel Schulgeld von der Steuer abgesetzt werden. Auf diese Art kann ein nettes Sümmchen zusammenkommen, das man nicht dem Fiskus schenken sollte.

Viele Wege, ein Ziel

Soweit es die persönliche Budgetplanung zulässt, sollten Eltern einen Teil dieser staatlichen Förderung für die Zukunftsvorsorge ihrer Sprösslinge verwenden. Es gibt zahlreiche Möglichkeiten, um den individuellen Vorsorgebedarf der Kleinen optimal zu decken, zum Beispiel Bank- oder Fondssparpläne. Ein Plus des Banksparplans ist, dass Eltern im Rahmen der Sonderbedingungen für den Sparverkehr jederzeit über das angesparte Kapital verfügen können.

Gerade beim Thema Ausbildung wird dem angesammelten Kapital eine gewisse Flexibilität abverlangt, da die genauen Abschlusszeiten nicht immer planbar sind und schnell einmal ein Wunsch hinzukommt. Wenn der Sohn oder die Tochter etwa zusätzliche Qualifikationen durch Auslandspraktika und Auslandssemester erwerben möchte, können Eltern mit dem Banksparplan bereits vor dem eigentlichen Vertragsende das bis dahin gesammelte Vermögen verwenden.

Kosten viel, bieten oft wenig: Ausbildungsversicherungen

Einen anderen Weg schlagen Ausbildungsversicherungen ein. Im Prinzip handelt es sich bei diesen Policen, die von den Anbietern häufig unter klangvoll-albernen Namen wie

„Teddy-Versicherung" oder „Biene-Maja-Schutzbrief" vertrieben werden, um Kapitallebensversicherungen. Diese schließt ein Elternteil für sich selbst ab – also nicht etwa für das Kind. Zum Ablauf der Versicherung ist eine im Vorweg festgelegte Summe als Ertrag garantiert. Mit den monatlichen Prämien wird Kapital angespart. Sollte der Mutter oder dem Vater etwas zustoßen, erhält das Kind die Versicherungssumme, und zwar zu dem im Vertrag vereinbarten Zeitpunkt. Mit einer Zusatzversicherung für den Fall einer Berufsunfähigkeit des Versicherten läuft die Police auch dann beitragsfrei weiter, wenn er tatsächlich berufsunfähig wird. Stirbt der Versicherte vor Vertragsende, läuft die Police ebenfalls beitragsfrei weiter und das Kind erhält zum vereinbarten Termin die vereinbarte Leistung einschließlich Überschussbeteiligung.

So weit, so schlecht. Denn diese Versicherungen haben gleich ein ganzes Bündel von Nachteilen im Gepäck. Zunächst einmal sind sie vergleichsweise teuer. Da der Versicherungsnehmer in der Regel Mutter, Vater, Oma oder Opa ist, basieren die Konditionen der Verträge auf deren Daten. Der Pferdefuß dabei: Je älter der Versicherungsnehmer, desto teurer wird es. Wer einer Risikogruppe angehört, muss mit zusätzlichen Aufschlägen rechnen. Außerdem müssen bei

Provisionen und Verwaltungsgebühren reduzieren die Geldmenge, die in den Spartopf fließt.

dieser Art Vorsorge die oft happigen Provisionen und die Verwaltung des Versicherungsunternehmens mitfinanziert werden. Das reduziert die Geldmenge, die in den eigentlichen Spartopf fließt – und nur diese wird schließlich verzinst und sorgt für die Rendite. In Tests fällt diese deshalb bei Ausbildungsversicherungen regelmäßig äußerst bescheiden aus. Doch wenn Anlegerinnen entdecken, dass neben der recht geringen Garantierendite kaum eine Überschussbeteiligung fließt, ist es wegen der hohen Stornokosten der Verträge für einen Wechsel der Anlageform meist reichlich spät.

Ein weiteres Problem ist, dass Ausbildungsversicherungen vergleichsweise unflexibel sind – im Gegensatz zu anderen Sparformen können Beiträge hier meist nur für einen begrenzten Zeitraum ausgesetzt werden, die Beitragshöhe ist nicht variabel, und entnommen werden kann das Geld aus dem laufenden Vertrag auch nicht. Das kann im Lauf einer Familienbiografie aber durchaus einmal erforderlich sein.

Auch der von den Anbietern als Verkaufsargument ins Feld geführte Todesfallschutz überzeugt bei näherem Hinsehen nicht. Für verantwortungsvolle Eltern ist eine Risikolebensversicherung ein Muss. In sinnvoller Höhe abgeschlossen, ermöglicht diese im Fall der Fälle auch das Weiterzahlen der monatlichen Raten für andere Sparformen.

Eltern sollten sich klarmachen, dass es unter dem Strich bei der Vorsorge für die Ausbildung der Kinder nicht um das Thema Versicherung, sondern um das Thema Geldanlage geht. Die geeignete Form sollte deshalb auch nach den Kriterien der sinnvollen und individuell geeigneten Anlagestrategie erfolgen. Und die richtet sich nach Risikobereitschaft, Renditemöglichkeiten und Liquidität. Gleichgültig ob sich Eltern dann für einen Bank-, einen Fondssparplan oder

Gleichgültig wofür sich Eltern bei der Ausbildungsvorsorge entscheiden – wichtig ist, dass sie etwas tun.

ein anderes Finanzprodukt entscheiden – wichtig ist, dass sie etwas tun. Und zwar so früh wie möglich. So können sie bei entsprechenden Finanzprodukten den Effekt von Zins und Zinseszins voll ausschöpfen. Dann fehlt nur noch ein bisschen frische Luft – und um die kümmern sich Kinder ab einem gewissen Alter zum Glück selbst.

Geld vom Staat – Vermögenswirksame Leistungen und Betriebliche Altersvorsorge

Vermögensbildung leicht gemacht

Geld umsonst? Das gibt's doch gar nicht! Doch. Und zwar nicht zu knapp. Bis zu 40 Euro extra pro Monat bekommen Arbeitnehmerinnen, Beamtinnen, Richterinnen, Soldatinnen und junge Frauen in der Ausbildung von ihrem Chef, zusätzlich zum Lohn oder Gehalt. Und der Staat gibt häufig auch noch etwas dazu. Vermögenswirksame Leistungen (VL oder VWL) heißt das Zauberwort. Wer noch keine bekommt, sollte sich darum kümmern. Denn der Staat hat per Gesetz die Möglichkeit geschaffen, einen Teil des Gehalts lohnsteuerfrei anzulegen. Die VL wird als freiwillige Sozialleistung über Tarifverträge oder den Arbeitsvertrag mit dem Arbeitgeber vereinbart und dieser überweist den Beitrag direkt auf das Anlagekonto. Je nach Vertrag muss oder kann der Arbeitnehmer selbst etwas beisteuern. Vermögenswirksam sparen bedeutet regelmäßig zu sparen und das Angesparte über einen längeren Zeitraum nicht anzurühren. Die vermögens-

wirksamen Leistungen sind ein staatlich gefördertes Hilfspro-
gramm zur Vermögensbildung, bei dem die Förderung durch
Vater Staat in Form von Arbeitnehmer-Sparzulage und Woh-
nungsbauprämie fließt. Die Förderung muss die Sparerin über
das Einkommenssteuerformular innerhalb von zwei Jahren
nach Ablauf des Sparjahres beim zuständigen Finanzamt
beantragen. Der Antrag nebst VL-Vertrag für 2008 muss also
bis Ende 2010 beim Finanzamt vorliegen.

Wie funktioniert das? Der Arbeitgeber überweist im Auftrag
des Arbeitnehmers zusätzlich zum Gehalt die vermögenswirksamen Leistungen, die insgesamt bis zu einem Höchst-
betrag von 870 Euro gefördert werden. Der Staat fördert zwei
Anlageformen, die auch gleichzeitig in Anspruch genommen
werden können.

- **Beteiligungen** Der Arbeitnehmer kann 400 Euro zulagen-
  begünstigt investieren, und zwar entweder als betriebliche Beteiligung im Unternehmen des Arbeitgebers, als
  außerbetriebliche Beteiligung in Fremdunternehmen, in
  deutsche oder ausländische Wertpapier-Sondervermögen
  oder in gemischte Wertpapier- und Grundstücks-Invest-
  mentfonds, deren Aktienanteil jeweils mindestens 60 Prozent beträgt.

- **Bausparen** Darüber hinaus kann er 470 Euro in einem
  Bausparvertrag anlegen.

Er kann auch in alle anderen Formen von Investmentfonds,
Ratensparverträge oder Kapitallebensversicherungen investieren, doch entfällt dann die Arbeitnehmer-Sparzulage.
Um in den Genuss der staatlichen Förderung zu gelangen,
muss je nach Anlageform sechs oder sieben Jahre gespart

werden. Aktienfonds-Verträge müssen sechs Jahre lang be-
spart werden und im Anschluss ein weiteres Jahr ruhen.
Nach Ablauf der siebenjährigen Sperrfrist können Sparerinnen dann über die Gesamtsumme aus Einzahlung, Erträgen und Zulagen verfügen, das so entstandene Vermögen
aber auch weiter im Fonds liegen und wachsen lassen.

Der staatliche Beitrag fließt in Form der **Arbeitnehmer-
Sparzulage**, die seit 2004 bei Aktienfonds 18 Prozent auf
jährliche Einzahlungen bis 400 Euro beträgt. Das entspricht
72 Euro im Jahr. Wer dagegen seinen Bausparvertrag fördern
lässt, erhält etwas weniger: Hier liegt die jährliche Förderung bei 9 Prozent für Beiträge bis 470 Euro – also maximal
43 Euro. Zusätzlich können Sparer hier noch die Wohnungs-
bauprämie kassieren: Pro Jahr zahlt der Staat 8,8 Prozent auf
die jährlichen Einzahlungen – höchstens aber 45 Euro. In
jedem Fall ist der Zuschuss vom Fiskus einkommensabhän-
gig. Die Obergrenze für die Förderung liegt bei einem zu
versteuernden Einkommen von 17.900 Euro für Alleinstehende und 35.800 Euro für Ehepaare.

Dass sich VL-Sparverträge lohnen, zeigt ein Blick zurück: In
der Vergangenheit erreichten deutsche Aktienfonds im
Schnitt einen jährlichen Wertzuwachs von mehr als 8 Prozent. Wer sechs Jahre lang 480 Euro
eingezahlt hat, also insgesamt
2.880 Euro, kann sich am Ende über
rund 4.000 Euro freuen, wie der Bun-

**Wer nicht vermögens-
wirksam spart, ver-
schenkt bares Geld.**

desverband Investment und Asset Management im Durchschnitt aller siebenjährigen VL-Perioden seit 1962 berechnet
hat. Zählt man zu diesem Ergebnis die Sparzulage hinzu, so

beträgt der durchschnittliche jährliche Wertzuwachs dieser VL-Verträge sogar beinahe 11 Prozent. Alles in allem sind die vermögenswirksamen Leistungen quasi ein Muss für alle denkenden Arbeitnehmerinnen. Denn wer unter der Einkommensgrenze bleibt und nicht vermögenswirksam spart, verschenkt bares Geld. Und das tun noch immer mehr Frauen als Männer: Während im Jahr 2007 immerhin 49 Prozent der Männer im Besitz eines VL-Vertrages waren, lag die Quote der Frauen bei mageren 35 Prozent.

||| Wissenswertes auf einen Blick

- Das Recht auf vermögenswirksame Leistungen hat jede Arbeitnehmerin. Sie kann diese vom Arbeitgeber anlegen lassen.
- Der Arbeitgeber muss nicht zwingend eine Zuzahlung leisten. Geschieht dies nicht, wird das Gehalt entsprechend umgewandelt.
- Der monatliche Mindestsparbetrag liegt für Fonds meist bei 34 Euro, für Bausparverträge zwischen 14 und 40 Euro.
- Jede Arbeitnehmerin kann freiwillige Zuzahlungen leisten. Die Förderung ist jedoch auf 870 Euro pro Jahr begrenzt.
- Die gesetzlichen Fördergrenzen liegen für Unverheiratete bei einem zu versteuernden Jahreseinkommen von 17.900 Euro, bei Verheirateten von 35.800 Euro.
- Sind beide Ehepartner berufstätig, können sie zwei VL-Depots eröffnen. Ein Gemeinschaftsdepot ist nicht möglich.

- Der Gesamtbetrag aus Einzahlung und staatlicher Förderung wird nach sieben Jahren ausbezahlt.
- Wer arbeitslos wird, kann die für die Sparförderung fehlenden Beiträge für das aktuelle Jahr nachzahlen.
- Im Gegensatz zu Aktienfonds werden VL für Rentenfonds, offene Immobilienfonds usw. nicht gefördert.
- VL-Verträge können jederzeit vorzeitig gekündigt werden, doch verlangt der Fiskus bei einer früheren Kündigung die Zahlungen zurück.
- Nach Ablauf von sieben Jahren kann man ein neues Depot anlegen. Für die Sparzulage gilt dann erneut eine siebenjährige Sperrfrist.

Altbewährt: Betriebliche Altersvorsorge

Eine Alternative zur Anlage der vermögenswirksamen Leistungen in Investmentfonds oder Bausparverträge ist die Betriebliche Altersvorsorge (BAV). Vor allem für VL-Sparerinnen, die keine staatliche Förderung erhalten, hat dies einen enormen Vorteil: Während für sie auf die VL-Beträge bei anderen Anlageformen Steuern und Sozialabgaben anfallen, sind die umgewandelten vermögenswirksamen Leistungen zugunsten einer BAV in der Ansparphase steuer- und sozialabgabenfrei. Das gilt sowohl für die eigenen VL-Zahlungen als auch für die des Arbeitgebers. Um mit der betrieblichen Altersvorsorge Steuern und Sozialabgaben zu sparen, dürfen die Beiträge nicht über 2.520 Euro pro Jahr

> **In der Ansparphase müssen Arbeitnehmerinnen keine Steuern und Sozialabgaben zahlen.**

liegen. Dieser Betrag entspricht 4 Prozent der Beitragsbemessungsgrenze in der gesetzlichen Rentenversicherung für die alten Bundesländer, er gilt jedoch auch in den neuen Ländern. Weitere 1.800 Euro können Arbeitnehmerinnen sparen, sofern sie keine Beiträge für eine vor 2005 begonnene Direktversicherung leisten.

Doch wie alles hat auch die Umwandlung der VL in eine BAV eine Kehrseite: Zwar bleibt den Sparerinnen dabei der volle Betrag erhalten, den sie in den Vertrag investieren. Allerdings fallen auf die Betriebsrente in der Auszahlungsphase Steuern, Kranken- und Pflegeversicherungsbeiträge an. Bis dahin macht sich jedoch der Zinseszinseffekt deutlich positiv bemerkbar, und im Alter gilt für die meisten Frauen ohnehin ein deutlich niedrigerer Steuersatz als während ihrer Erwerbstätigkeit. Ein weiterer Nachteil ist allerdings die Tatsache, dass Frauen bei diesem Weg erst als Rentnerinnen wieder an ihr Geld kommen, während bei den anderen Modellen lediglich die siebenjährige Sperrfrist gilt.

Finanzierungsformen der Betriebsrente

Die betriebliche Altersvorsorge ist bereits seit mehr als 150 Jahren – und damit länger als die gesetzliche Rentenversicherung – in Deutschland fester Bestandteil der Alterssicherung. Von betrieblicher Altersvorsorge oder umgangssprachlich „Betriebsrente" spricht man, wenn der Arbeitgeber seinen Arbeitnehmern Versorgungsleistungen bei Alter, Invalidität oder Tod zusagt. Zur Finanzierung dieses Systems gibt es drei Möglichkeiten.

1. Der Arbeitgeber bezahlt die Beiträge.
2. Der Arbeitnehmer übernimmt die Kosten über eine Entgeltumwandlung. Dabei verzichtet er auf einen Teil seines Gehalts und bekommt im Gegenzug eine Versorgungszusage des Arbeitgebers im selben Umfang. Auf dieses Modell haben Arbeitnehmer prinzipiell einen Anspruch.
3. Arbeitgeber und Arbeitnehmer finanzieren die betriebliche Altersversorgung gemeinsam.

Die letzten beiden Varianten sind in den vergangenen Jahren auf dem Vormarsch, da die Bereitschaft der Unternehmen, neue Mitarbeiter in ihre arbeitgeberfinanzierten Systeme aufzunehmen, deutlich nachlässt. Der Grund liegt auf der Hand: Die Leistungszusagen führen zu langfristigen Verbindlichkeiten, deren Kosten nur schwer kalkulierbar sind. Der Rechtsanspruch auf Entgeltumwandlung und die Einführung von Altersvorsorge-Tarifverträgen, die im Altersvermögensgesetz aus dem Jahr 2001 beschlossen wurden, haben die Beitragszusage in den Vordergrund gerückt. Dabei übernehmen Arbeitnehmer alleine oder im Verbund mit ihren Arbeitgebern die Finanzierung. Eine genaue Versorgungsleistung wird anders als bei der Leistungszusage nicht festgelegt.

Zwar haben Angestellte prinzipiell ein Recht auf betriebliche Altersvorsorge – wie die konkrete Leistung aussieht, entscheidet jedoch der Arbeitgeber. Allerdings ist der Rechtsanspruch auf Entgeltumwandlung dem sogenannten Tarifvorrang untergeordnet. Das bedeutet: Beschäftigte mit allgemein verbindlichem Tarifvertrag können den Tariflohn nur dann umwandeln, wenn der Tarifvertrag dies ausdrücklich gestattet.

Varianten der Betrieblichen Altersvorsorge

Die Hoheit über den Inhalt und die Ausgestaltung des Systems hat bei den betrieblichen Altersvorsorgelösungen der Arbeitgeber. Dabei stehen ihm drei grundsätzliche Varianten zur Verfügung.

1. Bei der **Leistungszusage** als klassische arbeitgeberfinanzierte Betriebsrente sichert der Arbeitgeber eine bestimmte Versorgungsleistung zu. So verspricht er zum Beispiel, dem Angestellten eine monatliche Betriebsaltersrente in Höhe von 150 Euro oder eines bestimmten Prozentsatzes des letzten Gehalts zu bezahlen.

2. Im Fall einer **beitragsorientierten Leistungszusage** verspricht der Arbeitgeber eine Versorgungsleistung und den Betrag zu, den er für die Finanzierung der Versorgungsleistung aufwendet. Hier wird also keine feste Leistungshöhe, sondern der Aufwand für die betriebliche Altersversorgung festgelegt.

3. Bei einer **Beitragszusage mit Mindestleistung** verpflichtet sich der Arbeitgeber, bestimmte Beiträge für den Aufbau einer betrieblichen Altersversorgung zu leisten. Er garantiert dabei eine Mindestleistung beziehungsweise den Erhalt der eingezahlten Beiträge abzüglich der für die Risikoabsicherung verwendeten Beträge. Die Höhe der späteren Rente hängt davon ab, wie gut die Beiträge angelegt werden. Das Anlagerisiko trägt der Arbeitnehmer.

||| Wie wird die Betriebliche Altersvorsorge durchgeführt?

Prinzipiell gibt es neben der direkten Durchführung durch den Arbeitgeber auch sogenannte mittelbare Durchführungen, bei denen die Abwicklung in der Hand eines rechtlich unabhängigen Unternehmens liegt.

Direktzusage
Der Arbeitgeber finanziert die zugesagte Rente direkt durch Pensionsrückstellungen. Er ist der Träger und sagt dem Beschäftigten unmittelbar die Zahlung einer Altersversorgung zu. Der Arbeitnehmer hat einen direkten Anspruch gegen den Arbeitgeber. Mit Zustimmung des Arbeitgebers können Arbeitnehmer zusätzlich so viel Gehalt, wie sie wollen, in die Direktzusage investieren. Wird die Direktzusage aus der Gehaltsumwandlung des Arbeitnehmers finanziert, spricht man auch von der „arbeitnehmerfinanzierten Pensionszusage" oder „Deferred Compensation".

Vorteile Die Einzahlungen unterliegen nicht der Steuer. Die Leistungen werden nachgelagert besteuert. Im Gegensatz zu den anderen nachgelagert besteuerten Durchführungswegen gibt es keine Einzahlungsobergrenze. Durch Entgeltumwandlung können Arbeitnehmerinnen die Beiträge aus der vollen Besteuerung herausnehmen und auf später verlagern, wenn sie in den meisten Fällen einen niedrigeren Steuersatz haben. Eine flexiblere Gestaltung mit Einmalbeiträgen ist möglich. Sparerinnen können zwischen Kapital- und Rentenzahlungen wählen.

▶

Nachteile: Riester-Förderungen und Pauschalbesteuerungen (Lohnsteuer, für die nur der Arbeitgeber zuständig ist) sind nicht möglich.

Unterstützungskasse

Mittelbarer Durchführungsweg, bei dem formal kein Rechtsanspruch besteht. Die Unterstützungskassen sind rechtlich selbstständige Einrichtungen, die über Rückdeckung arbeiten – die zugesagten Leistungen sind über eine Versicherung abgesichert – oder ein Reservepolster bilden. Die mit einem Sondervermögen ausgestatteten Unterstützungskassen werden von einem oder mehreren Arbeitgebern getragen. Als verlängerter Arm der Arbeitgeber verwaltet die Unterstützungskasse nur die von den Unternehmen zugewendeten Beiträge. Im Gegensatz zur Direktzusage kann die Versorgungszusage nicht in beliebiger Höhe erteilt werden.

Vorteile Während der Anwartschaftsphase sind keine Steuern fällig. Die Leistungen werden nachgelagert besteuert. Man kann zwischen Kapital- und Rentenzahlung wählen.

Nachteile Eine Riester-Förderung ist nicht möglich. Da nur eine langfristige Verpflichtung zu gleichen oder steigenden Gehaltsverzichtsbeiträgen bis zum Erreichen der gesetzlichen Altersgrenze möglich ist, ist dieser Weg weniger flexibel als die Direktzusage. Die Gehaltsumwandlungsbeträge können nicht pauschal versteuert werden.

▶

Pensionskasse

Mittelbarer Durchführungsweg, der einen Rechtsanspruch auf eine wertgleiche Gegenleistung gewährt und steuerlich limitiert ist. Rechtlich ist die Pensionskasse eine unabhängige Versorgungseinrichtung, die der Versicherungsaufsicht unterliegt. Sie räumt den Versicherten einen Rechtsanspruch auf ihre Leistung ein. Der Arbeitgeber zahlt den Beitrag an die Kasse. Die Möglichkeiten der staatlichen Förderung sind hier besonders vielfältig.

Vorteile Riester-Förderung ist möglich. Daneben besteht auch Steuerfreiheit nach § 3 Nr. 63 EStG, eine Pauschalbesteuerung ist ebenfalls möglich. Man kann zwischen Kapital- und Rentenzahlungen wählen.

Nachteile Durch die Einschränkungen in der Leistungshöhe ist dieser Weg für Gutverdienende weniger geeignet.

Pensionsfonds

Mittelbarer Durchführungsweg, bei dem ein Rechtsanspruch besteht. Eine geringere garantierte Gegenleistung ist möglich. Der Pensionsfonds ist eine rechtsfähige Versorgungseinrichtung und unterliegt der Aufsicht der Bundesanstalt für Finanzdienstleistungsaufsicht (BAFin). Die Leistungen können nur als lebenslange Renten ausgezahlt werden. Die Anlagevorschriften für Pensionsfonds sind im Vergleich mit Pensionskassen oder Lebensversicherungen liberal. Die für Pensionskassen und Direktversicherungen gültige Begrenzung von Aktienanlagen auf 35 Prozent gilt für Pensionsfonds nicht.

Vorteile Liberale Anlagevorschriften sorgen für bessere Renditemöglichkeiten. Eine Riester-Förderung ist möglich. Es besteht Steuerfreiheit bis zu 4 Prozent der Beitrags-bemessungsgrenze.

Nachteile Pauschalbesteuerung und Kapitalzahlung sind nicht möglich.

Direktversicherung
Mittelbarer Durchführungsweg, der ähnlich wie die Pensionskasse funktioniert. Der Arbeitgeber schließt eine Lebensversicherung auf seinen Angestellten ab. Bezugsberechtigt sind der Arbeitnehmer oder seine Hinterbliebenen. Als Versicherungsnehmer und Beitragszahler fungiert das Unternehmen. Im Versorgungsfall zahlt der Versicherer die Leistungen in der Regel direkt an den Arbeitnehmer oder seine Hinterbliebenen. Die Versicherung muss mindestens bis zum 60. Lebensjahr des versicherten Arbeitnehmers laufen. Zuvor kann sie nicht gekündigt werden. Eine Beitragsfreistellung ist jedoch möglich.

Vorteile Riester-Förderung, Pauschalbesteuerung, Wahlmöglichkeit zwischen Kapital- oder Rentenzahlung (außer bei Riester-Förderung) sind möglich.

Nachteile Die steuerliche Förderung gilt nur bis zu einem jährlichen Aufwand von maximal 1.752 Euro.

Das neue Altersvorsorge-Gesetz
Ende 2007 hat der Bundesrat das neue Altersvorsorge-Gesetz verabschiedet. Im Hinblick auf die Regelungen zur betrieblichen Altersvorsorge können Arbeitnehmerinnen aufatmen.

Nach der bislang gültigen Gesetzeslage war die Sozialversicherungs-Beitragsfreiheit bei arbeitnehmerfinanzierter **Entgeltumwandlung** in Beiträge für Direktversicherungen, Pensionskassen und Pensionsfonds bis Ende 2008 beschränkt. Nun verbessern sich die Konditionen für diese Möglichkeiten der betrieblichen Altersvorsorge deutlich. Arbeitnehmer können nun dauerhaft einen bestimmten Teil ihres Gehalts in einen betrieblichen Vorsorgevertrag stecken, ohne darauf Sozialabgaben und Steuern zahlen zu müssen.

Bislang nutzen rund drei Millionen Arbeitnehmer die Möglichkeit, über die Entgeltumwandlung jedes Jahr bis zu 2.520 Euro von ihrem Bruttogehalt abgabenfrei in einen Pensionsfonds, eine Pensionskasse, eine Direktversicherung oder eine Unterstützungskasse einzuzahlen und so fürs Alter vorzusorgen. Das bisher vorgesehene Auslaufen der Sozialversicherungs-Beitragsfreiheit hätte zu teilweise doppelten Belastungen der Beitragszahler geführt, da Betriebsrenten in der Auszahlungsphase der Krankenkassen- und Pflegeversicherungs-Beitragspflicht unterliegen. Durch die geplante Aufhebung dieser drohenden Doppelbelastung bleiben Anreize und Attraktivität beim Aufbau von Betriebsrenten-Anwartschaften in vollem Umfang erhalten.

Ein weiteres Plus der neuen gesetzlichen Regelung ist die Absenkung des Lebensalters für die sogenannte **Unverfallbarkeit** von arbeitgeberfinanzierten Betriebsrenten-Anwartschaften. Davon spricht man, wenn der Anspruch auf eine Betriebsrente nicht mehr verloren gehen kann. Bislang bleiben Ansprüche auf arbeitgeberfinanzierte Betriebsrenten nur dann erhalten, wenn sie dem Beschäftigten fünf Jahre vor seinem Ausscheiden zugesagt wurden und er das 30. Lebensjahr vollendet hat. Künftig sind neue Betriebsrenten-Anwartschaften schon ab Vollendung des 25. Lebensjahrs garantiert, wenn sie bereits fünf Jahre bestehen. Gerade für junge Frauen, die wegen der Kindererziehung aus dem Job ausscheiden, ist dies eine Verbesserung.

Abgeltungssteuer – der Countdown läuft

Die Unsicherheit unter Deutschlands Sparern ist groß. Schuld daran ist das Unternehmenssteuerreform-Gesetz 2008. Es sorgt dafür, dass die bisherige Kapitalertragssteuer ab dem 1. Januar 2009 entfällt. An ihre Stelle tritt eine Abgeltungssteuer für Kapitalvermögen. Konkret bedeutet das, dass Kapitalerträge ab 2009 mit einem einheitlichen Steuersatz von 25 Prozent besteuert werden. Dazu kommen noch der Solidaritätszuschlag und gegebenenfalls die Kirchensteuer. Mit diesem

Eingezogen wird die Steuer immer dann, wenn Gewinne realisiert werden.

einheitlichen Steuerabzug auf alle privaten Kapitalerträge ist das Thema für die Verbraucher erledigt: Die Kreditinstitute werden die Steuern in der Regel direkt und anonym ans Finanzamt abführen. Eine Deklaration der Kapitalerträge in der Einkommenssteuererklärung ist dann nicht mehr erforderlich.

Bislang hat der Fiskus private Kapitaleinkünfte mit dem progressiven Steuertarif besteuert. Dabei steigt die Steuer proportional zum zu versteuernden Einkommen und kann bis zu 45 Prozent erreichen. Jeder Anleger muss außerdem Veräußerungsgewinne und Kapitalerträge in der Steuererklärung angeben, aus denen das Finanzamt die persönliche Einkommensteuerschuld errechnet. Das künftig geltende Konzept der Abgeltungssteuer beruht auf einem Steuerabzug an der Quelle. Es verpflichtet Banken, einen Steuerabzug vorzunehmen und an die Finanzverwaltung abzuführen. Mit dem Steuerabzug ist die Einkommensteuer für den Kunden abgegolten. Die Regelungen gelten für alle Einkünfte aus dem Kapitalvermögen, insbesondere Zinserträge aus Geldeinlagen bei Kreditinstituten, Kapitalerträge aus Forderungswertpapieren, Dividenden sowie Erträge aus Investmentfonds, Termingeschäften und Zertifikaten. Außerdem gelten sie für Gewinne aus privaten Veräußerungsgeschäften, speziell bei Wertpapieren, Investmentanteilen und Beteiligungen an Kapitalgesellschaften, nicht aber Immobilien. Eingezogen wird die Steuer immer dann, wenn Gewinne realisiert werden. Der Fiskus greift also bei der Zinszahlung, der Dividendenausschüttung und bei Verkäufen zu, sobald der Sparerpauschbetrag von 801 Euro pro Anleger überschritten ist. Dieser ersetzt den bisherigen Sparerfreibetrag und die Werbungskostenpauschale.

Vor diesem Hintergrund ist der Medienrummel um die neue Regelung nicht verwunderlich. Die öffentliche Diskussion hat allerdings bei vielen Verbrauchern dazu geführt, dass sie gut laufende Papiere umgeschichtet und sich generell von bestimmten Geldanlageformen abgewendet haben. Doch dafür gibt es keinen Grund! Zwar sind die meisten Sparer und Anleger von der Steuerreform betroffen, aber sie haben noch Zeit, sich die Vorteile der alten Regelungen zu sichern. Gefragt ist jetzt guter Rat – und den gibt es bei vielen Banken kostenlos: Wer unsicher ist, kann gemeinsam mit seinem Kundenberater die bisherigen Geldanlagen genau unter die Lupe nehmen und falls nötig nach Optimierungsmöglichkeiten suchen. Und dabei liegt wie so oft in der Ruhe die Kraft. Denn für Panikaktionen gibt es keinen Anlass. Im Rahmen einer Übergangsvorschrift können alle bisherigen Anlagen sowie alle, die bis zum 31. Dezember 2008 erworben werden, nach Ablauf der einjährigen Spekulationsfrist noch steuerfrei verkauft werden.

Lassen Sie sich nicht verunsichern. Für Panikaktionen gibt es keinen Anlass.

Welche Geldanlage für die Übergangsphase und nach dem 1. Januar 2009 für den einzelnen Anleger am günstigsten ist, lässt sich nicht pauschal festlegen. Steuerliche Gesichtspunkte sind zwar bei der Altersvorsorge und der Vermögensbildung nach wie vor ein wichtiger Aspekt und manche Nachjustierung der bisherigen Anlagestrategie kann jetzt durchaus ratsam sein. Steueraspekte sollten jedoch bei der Geldanlage nicht im Vordergrund stehen. Viel wichtiger ist, sich über die Anlageziele im Klaren zu sein und die individuelle Strategie daran auszurichten.

Was Anleger jetzt wissen sollten

JETZT handeln Wer seine Geldanlage jetzt im Hinblick auf die Übergangsregelung bis Ende 2008 und die neuen Vorschriften ab 2009 prüft, hat die Chance, noch in 2008 die Weichen richtig zu stellen. Nutzen Sie die Zeit bis zum Ende des Jahres! Wer sein Geld langfristig in Aktien anlegen möchte, sollte das noch 2008 tun. Wenn man die Papiere dann mindestens ein Jahr lang hält, gilt noch die alte Regelung, das heißt die Gewinne sind weiterhin steuerfrei.

Aktien lohnen sich auch in Zukunft Wer geschickt und kenntnisreich investiert, kann mit Aktien auch in Zukunft gute Renditen erzielen. Ein Vorteil der Neuregelung ist zum Beispiel, dass sich Anleger ab 2009 nicht mehr mit der Haltedauer auseinandersetzen müssen. Kursverluste lassen sich außerdem mit Gewinnen aus dem Verkauf von Aktien verrechnen. Die Bank behält in diesem Fall bis zur Höhe der erlittenen Verluste keine Abgeltungssteuer von den erzielten Kursgewinnen ein.

Entlastung bei hohen Steuersätzen Prinzipiell werden alle Sparer entlastet, deren persönlicher Steuersatz über 25 Prozent liegt. Dieser ist bei einem Alleinstehenden bereits bei einem zu versteuernden Jahreseinkommen von 15.000 Euro erreicht. Sie bezahlen künftig nur noch 25 Prozent Einkommenssteuer auf alle Zinseinkünfte und Kapitalerträge. (Personen mit einem geringeren individuellen Steuersatz erhalten über die Einkommensteuererklärung den zu viel bezahlten Betrag vom Finanzamt zurück, es sei denn, ein Freistellungsauftrag oder eine Nichtveranlagungsbescheinigung haben bereits zur steuerfreien Auszahlung der Kapitalerträge geführt.) Ein weiterer Pluspunkt der Neuregelung ist, dass Anleger bei ihren Entscheidungen künftig die komplexen steuerlichen Gesichtspunkte nahezu vollständig außer Acht lassen können, da nicht mehr zwischen steuerpflichtigen und steuerfreien Erträgen aus einer Kapitalanlage differenziert wird.

Werbungskosten entfallen Künftig schlechter gestellt sind Anleger, die hohe Werbungskosten haben. Das ist vor allem der Fall, wenn Geldanlagen mit Krediten finanziert werden – ein Modell, das sich künftig aus steuerlichen Gründen nicht mehr lohnen wird. Mit der Neuregelung werden Werbungskosten nur noch über einen Pauschbetrag in Höhe von 801 Euro für Alleinstehende und 1602 Euro für Verheiratete berücksichtigt, und zwar durch einen Freistellungsauftrag. Ähnlich wie der noch bis Ende 2008 gültige Sparerfreibetrag gilt sie auch dann, wenn dem Anleger keine Werbungskosten entstehen.

Freistellungsauftrag bleibt gültig Sparer müssen zum 1. Januar 2009 keinen neuen Freistellungsauftrag erteilen. Auch vorher eingereichte Freistellungsaufträge bleiben gültig. Auch das Verfahren ändert sich nicht. Anleger können bei ihrer Bank einen Freistellungsauftrag bis zur Höhe des Werbungskosten-Pauschbetrags stellen.

Alternative Anlageobjekte Für Gewinne aus Immobilien, Kunstgegenständen, Schmuck, Briefmarken, Münzen oder Oldtimern ändert sich nichts. Den Gewinn aus einem Immobilienverkauf kann der Besitzer abgeltungssteuerfrei einstreichen. Auch für die anderen Anlageobjekte gilt nach einer Frist von einem Jahr ab Kauf für den Gewinn die Steuerfreiheit. Wer solche Gegenstände früher verkauft, muss sie zum persönlichen Steuersatz versteuern.

Staatlich geförderte Renten unberührt Zu den im Zusammenhang mit der Abgeltungssteuer heiß diskutierten Punkten gehört der pauschale Vorwurf, die Neuregelung würde die private Altersvorsorge beeinträchtigen. Tatsächlich aber sind weder staatlich geförderte Renten noch die betriebliche Altersvorsorge von der Abgeltungssteuer betroffen. Leistungen aus Riester- und Rürup-Rente werden erst in der Auszahlungsphase nachgelagert besteuert, während der Ansparphase werden keine Steuern fällig. Und in der Auszahlungsphase wird weiterhin der persönliche Steuersatz und nicht der Abgeltungssteuersatz angewendet.

Zinseszinseffekt bei Rentenversicherungen Eine weitere Möglichkeit, sich einen finanziell sorgenfreien Lebensabend zu sichern, sind Rentenversicherungen. Sie garantieren vom vereinbarten Rentenbeginn an eine lebenslange Rente. Die steuerlichen Vorteile, die solche Lebens-, Renten- und fondsgebundenen Versicherungen bieten, bleiben unabhängig von der Abgeltungssteuer erhalten. Die Erträge sind in der Ansparphase von der Steuer befreit. Der Staat tastet Zins- und Zinseszinsen zunächst nicht an. Dadurch können alle erwirtschafteten Gewinne wieder angelegt werden. Dieser Zinseszinseffekt ist für die Rendite von erheblicher Bedeutung. Auch bei der Auszahlung bieten Lebens- und Rentenversicherungen Vorteile. Denn für alle seit 2005 abgeschlossene Verträge gilt: Wählt der Anleger eine einmalige Kapitalauszahlung, so bleiben 50 Prozent der Erträge steuerfrei, wenn der Vertrag mindestens zwölf Jahre gelaufen ist und der Anleger bei der Auszahlung bereits 60 Jahre alt ist. Die übrigen 50 Prozent werden zum individuellen Einkommenssteuersatz versteuert. In allen anderen Fällen unterliegt der gesamte Ertrag aus der Versicherung bei Fälligkeit ab 2009 der neuen Abgeltungssteuer. Lassen sich Anleger ihr Kapital als lebenslange Rente auszahlen, wird sogar nur der geringere Ertragsanteil versteuert. Wer beispielsweise mit 65 Jahren in Rente geht, muss nur 18 Prozent der Gesamtrente mit dem individuellen Einkommenssteuersatz versteuern. Fondsgebundene Rentenversicherungen haben dabei gegenüber reinen Investmentfonds den Vorteil, dass ein Wechsel der Fonds- bzw. Anlagestrategie möglich ist.

Dachfonds steuerlich bevorzugt Die Manager sogenannter Dachfonds kaufen Anteile an anderen Fonds und können weiterhin während der Laufzeit das Portfolio umschichten, ohne dass der Anleger Abgeltungssteuer auf Kursgewinne bezahlen muss. Ansonsten gilt für Investmentfondsanteile, die bis zum 1. Januar 2009 erworben werden, noch die alte Regel. Bei Einhaltung der Spekulationsfrist von einem Jahr sind also noch steuerfreie Veräußerungsgewinne möglich. Empfehlenswert sind hier Fonds, die einen Großteil ihres langfristigen Anlageerfolgs mit Kursgewinnen erzielen und diese kurssteigernd wieder anlegen. Denn diese sogenannte Thesaurierung von Wertpapier-Veräußerungsgewinnen ist für den Anleger nicht steuerpflichtig. Dazu gehören in erster Linie Aktienfonds, Dach- und Mischfonds mit höherem Aktienanteil, steueroptimierte Fonds und Garantiefonds. Ab 2009 sind beim Erwerb von Investmentfonds Anteilwertzuwächse bei Verkauf unabhängig von der Haltedauer abgeltungssteuerpflichtig. Allerdings können realisierte Verluste bei Fondsanlagen mit Erträgen und Gewinnen aus anderen Anlagen verrechnet werden.

Erträge von Bankeinlagen verschieben Verluste sind bei Einlagen bei der Bank nicht eingeplant. Spar-, Sicht- und Termineinlagen gelten als sichere Anlageformen, da sie während der Laufzeit keinen Kursschwankungen unterliegen und auch die Rückzahlung zum vereinbarten Termin in voller Höhe nebst Zinsen und Zinseszinsen garantiert ist. Bei Banksparplänen wird regelmäßiges Sparen fixer Sparraten zusätzlich zu den Zinsen mit einem Bonus für konsequentes Sparen belohnt. Sofern sie den Sparerpauschbetrag von 801 Euro überschreiten, unterliegen die Zinsen und Boni dieser Bankprodukte ab 2009 der Abgeltungssteuer. Da Erträge, die 2008 anfallen und den Sparerfreibetrag überschreiten, als private Kapitaleinkünfte mit dem progressiven Steuertarif besteuert werden, kann es sich lohnen, diese auf 2009 zu schieben. Auch hier ist eine nüchterne Bestandsaufnahme ratsam.

Kleines Lexikon wichtiger Kapitalmarktbegriffe

Was waren das für Zeiten, als ein Konto noch ein Konto, eine Versicherung noch eine Versicherung und ein Fonds noch ein Fonds waren! Heute baut die Finanzbranche immer kompliziertere Schachtelprodukte, bei denen viele Privatanleger kaum noch wissen, wie sie funktionieren und vor allem wohin ihr Geld letztlich fließt. Wenn Lebensversicherungen eine Fondspolice auflegen und sie mit Dachfonds bestücken, die in verschiedene Hedge- oder Schiffsfonds investieren, sind Chancen und Risiken auf den ersten Blick nur noch schwer nachvollziehbar. Gemeinsam ist nahezu allen Finanzprodukten, dass sie eng mit den Entwicklungen auf den Kapitalmärkten verknüpft sind. Ob es nun darum geht, den Wirtschaftsteil einer Tageszeitung besser zu verstehen oder im Gespräch mit dem Bankberater auch bei komplexeren Produkten die richtigen Fragen stellen zu können – wer die wichtigsten Grundbegriffe kennt und versteht, hat in jedem Fall eine gute Startposition.

Ad-hoc-Meldung　Unternehmensmeldungen, die kursbestimmend sein können, müssen von Unternehmen, die zum Handel mit → Wertpapieren zugelassen sind, unverzüglich durch Ad-hoc-Meldungen veröffentlicht werden, damit alle Anleger möglichst den gleichen Kenntnisstand haben.

Agio Geldaufschlag auf den → Nennwert einer Anlage, angegeben in Prozent.

Aktiengesellschaft (AG) Die Rechtsform eines Unternehmens, an welchem die Eigner (Gesellschafter) mit Aktien beteiligt sind und über diese Beteiligung hinaus nicht persönlich für Schulden der AG haften.

Aktienindex Ein Preis- oder → Performance-Index, der die Entwicklung eines Aktiensektors oder einzelner Branchen bezogen auf einen Stichtag wiedergibt.

Aktienkapital → **Grundkapital**

Aktienoption → **Option**

Aktiensplit Ein Aktiensplit teilt eine alte Aktie in einem bestimmten Verhältnis auf mehrere neue Aktien auf. Dies ist keine Kapitalmaßnahme, sodass sich die Beteiligung des Altaktionärs durch den Split nicht ändert. Während also das → Grundkapital der Gesellschaft unverändert bleibt, wird der Aktienkurs dem Split-Verhältnis angepasst und dadurch optisch günstiger. Die Stückzahl der umgehenden Aktien wird durch einen Split erhöht.

Amtlicher Handel Ein Börsensegment, zu dem bestimmte → Wertpapiere zugelassen werden müssen. Die Zulassung zum amtlichen Handel ist mit vergleichsweise hohen Anforderungen verbunden und zieht dauerhafte Publikationspflichten des Unternehmens nach sich, dessen Wertpapiere zugelassen sind. Die Kurse werden im amtlichen Handel von öffentlich-rechtlichen amtlichen Maklern ermittelt.

Anleihe Eine Form der Kreditaufnahme, wobei der Kreditnehmer derjenige ist, der die Anleihe herausgibt. Kreditnehmer können sowohl der Staat als auch gewerbliche Unternehmen sein. Anleihen werden in Form von → Schuldverschreibungen, Pfandbriefen oder → Obligationen herausgegeben. Je nach Laufzeit und → Bonität des Herausgebers erhält der Käufer der Anleihe eine jährliche Zinszahlung. Am Ende der Laufzeit wird die Anleihe zurückbezahlt.

Asset Management Steuerung eines Anlageportfolios (→ Portfolio) nach Risiko- und Ertragsgesichtspunkten. Dafür lassen sich verschiedene Anlageinstrumente einsetzen.

Ausgabeaufschlag Einmalige Kosten beim Kauf eines → Fonds, die von der Investmentgesellschaft festgelegt werden.

Ausgabepreis Bezeichnet entweder den Kurs, zu dem ein neu ausgegebenes → Wertpapier erworben werden kann, oder den Kurs, zu dem ein Investmentfonds sein Anteilszertifikat herausgibt. In letzterem Fall setzt er sich zusammen aus Rückkaufswert zuzüglich → Ausgabeaufschlag.

Ausschüttende Wertpapiere Bei ausschüttenden → Wertpapieren werden die Erträge bis zum Ausschüttungstag angesammelt und dann an die Anteilseigner ausgezahlt. Am Tag der Auszahlung verliert das Wertpapier in gleicher Höhe an Wert, in der die Ausschüttung erfolgt.

Ausschüttung   Sammelbezeichnung für alle Zahlungen, die an einen Anteilseigner eines Unternehmens geleistet werden. An Aktionäre werden zum Beispiel → Dividenden ausgezahlt oder Gratisaktien vergeben.

Außerbörslicher Handel   Der Kauf und Verkauf von − Wertpapieren findet direkt zwischen den Handelsteilnehmern außerhalb der → Börse statt.

Baisse   (Von französisch *baisser*: sinken, fallen) Dauerhafter Rückgang der Kurse an den → Börsen.

Basispunkt   Ein Hundertstel eines Prozentpunkts (0,01 %).

Basiswert   Das Warentermin- oder Optionsgeschäften zugrunde liegende Gut, wie beispielsweise Rohstoffe, Aktien oder → Anleihen; auch Underlying.

Bearish   (Von englisch *bear*: Bär) Gegenteil von → bullish. Die Markterwartung eines Anlegers, der mit fallenden Kursen rechnet, ist bearish. Der Bär ist das Börsensymbol für fallende Kurse.

Benchmark   (Englisch für „Bezugswert") Bezeichnet üblicherweise den Vergleichsmarkt eines → Fonds, dessen Entwicklung ein Fondsmanager durch aktives Management

idealerweise übertreffen soll. Sofern kein spezieller →
Aktienindex geführt wird, bezieht man sich auf generelle
Börsenindizes wie den → DAX.

Bilanz Eine auf einen Stichtag bezogene Gegenüberstellung
der Aktiva und Passiva eines Unternehmens. Die Aktivseite
gibt Aufschluss über die Verwendung des Vermögens eines
Unternehmens. Die Passivseite zeigt die Herkunft des Vermögens (→ Eigenkapital, → Fremdkapital). Die Bilanz ist ein
Bestandteil des Jahresabschlusses.

Blue Chips Aus den USA stammender Ausdruck für Aktien
besonders substanz- oder ertragreicher Unternehmen.

Bond Festverzinsliches → Wertpapier

Bond Future → Termingeschäft, dessen → Basiswert eine →
Anleihe ist.

Bonität Die Zahlungsfähigkeit und Kreditwürdigkeit von
Schuldnern etwa einer → Anleihe; sie wird von Rating-
Agenturen veröffentlicht. Je besser die Bonität des Anleihe-
schuldners, desto größer die Wahrscheinlichkeit, dass er
vereinbarte Zinszahlungen pünktlich bedienen und die
Anlagesumme am Ende der Laufzeit zurückführen kann. Für
Anleihen eines Schuldners mit geringer Bonität werden
wegen des damit verbundenen Anlagerisikos höhere Zinsen
gezahlt.

Börse   Eine Handelsplattform, auf der → Wertpapiere, → Anleihen, → Devisen und Waren sowie davon abgeleitete Rechte nach Angebot und Nachfrage zusammengeführt und gehandelt werden. Man unterscheidet die **Präsenzbörse** (auch Parketthandel), an der Makler die Kauf- und Verkaufsaufträge ausführen, von der **Computerbörse**, bei der ein computergestütztes System die Maklerfunktion ersetzt (etwa der → XETRA-Handel).

Branchenindex   Eine statistische Messzahl, die die Kursentwicklung von Aktien eines bestimmten Unternehmenssektors wiedergibt.

Break-even   Der Zeitpunkt, ab dem Erlös und Kosten gleich hoch sind und somit die Gewinnschwelle beginnt.

Briefkurs   Der Börsenkurs, zu dem Verkäufer bereit sind, ein bestimmtes → Wertpapier zu verkaufen; das Gegenteil von → Geldkurs.

Buchwert   Der Buchwert ergibt sich aus dem → Eigenkapital eines Unternehmens geteilt durch die Anzahl der Aktien. Der Buchwert pro Aktie kann eine Orientierungsgröße bei der Bewertung von → Aktiengesellschaften sein.

Bullish   (Von englisch bull: Stier) Gegenteil von → bearish. Bezeichnet die Markterwartung eines Anlegers, der von steigenden Kursen ausgeht.

Call Kaufoption; eine → Option, bei welcher der Käufer das Recht, aber nicht die Pflicht hat, innerhalb eines bestimmten Zeitraums (amerikanische Option) oder zu einem bestimmten Zeitpunkt (europäische Option) einen → Basiswert zum vereinbarten Preis in einer festgelegten Menge zu kaufen.

Chart Die grafische Darstellung der Kursentwicklung über einen bestimmten Zeitraum.

Coupon Ursprünglich der Abschnitt eines → Wertpapiers, der zur Einlösung eines Gewinnanteils („Dividendenschein") oder Zinses („Zinsschein") berechtigt; im Börsenjargon jedoch meistens als Synonym für den Zinsfuß einer → Anleihe verwendet. Dabei besagt ein Coupon von 3 %, dass zum jeweiligen Zinstermin 3 % der gekauften Anleihe als Zins gezahlt wird.

DAX Abkürzung von „Deutscher Aktienindex". Der deutsche Börsen-Leitindex wurde 1988 zum ersten Mal berechnet und setzt sich aus den Kursen der 30 wichtigsten deutschen Unternehmen zusammen.

Depot Im Depot werden von den Kreditinstituten die von den Kunden gekauften → Wertpapiere verwahrt und verwaltet.

Derivat Oberbegriff für alle von → Wertpapieren abgeleiteten Finanzprodukte wie → Optionen, → Zertifikate oder → Futures.

Disagio   Der Unterschiedsbetrag zwischen dem → Nennwert eines → Wertpapiers und dessen → Ausgabepreis, angegeben in Prozent.

Diversifikation   Ausweitung des Sortiments. Bei Geldanlagen bedeutet Diversifikation ein Plus an Sicherheit. Das angelegte Vermögen wird auf unterschiedliche Anlageformen verteilt und damit das Risiko reduziert.

Dividende   Eine besondere Form der → Ausschüttung an die Aktionäre eines Unternehmens.

Dow Jones Index   Der Dow Jones Industrial Average Index ist der bekannteste → Aktienindex der USA, in welchem die Kurswerte der 30 wichtigsten US-amerikanischen Unternehmen, die an der New Yorker Börse notiert sind, zusammengefasst werden.

Effekten   Eine andere Bezeichnung für am Kapitalmarkt handelbare und vertretbare → Wertpapiere.

Eigenkapital   Mittel, die von den Eigentümern des Unternehmens zu dessen Finanzierung aufgebracht oder im Unternehmen belassen werden, falls dieses Gewinne erwirtschaftet hat. Eine hohe Eigenkapitalquote spricht für eine solide finanzielle Grundlage des Unternehmens und ist eine wesentliche Größe bei der Vergabe von Krediten geworden.

Emission   Die Ausgabe von neuen → Wertpapieren durch eine Gesellschaft oder Körperschaft zum Zweck der Kapitalbeschaffung. Ist ein Unternehmen zum ersten Mal zum Handel an der → Börse zugelassen worden, handelt es sich um eine Neu-Emission.

Emittent   Gesellschaft oder Körperschaft, die ein → Wertpapier zum Zweck der Kapitalbeschaffung herausgibt.

Ertrag   Erträge aus → Wertpapieren sind Zins- oder Dividendeneinnahmen des Anlegers und unterliegen der Steuerpflicht. Der Kursgewinn aus dem Verkauf eines Wertpapiers bildet einen außerordentlichen Ertrag.

Europäische Zentralbank   Europäisches Kreditinstitut mit Sitz in Frankfurt am Main, dessen vorrangiges Ziel es ist, die Preisstabilität innerhalb der Euro-Zone zu gewährleisten.

Fonds   Ein von einer Fondsgesellschaft verwaltetes Sondervermögen. Die Gelder werden meist in Renten, Aktien oder Immobilen angelegt.

Free Float   Jene Aktien eines Unternehmens, die nicht in festem Besitz sind und am Markt frei gehandelt werden.

Fremdkapital   Von Dritten (Banken, Anleihegläubigern) zur Verfügung gestelltes Kapital, mit dem ein Unternehmen wirtschaftet. Es bezeichnet also die Schulden eines Unternehmens und ist auf der Passivseite der Bilanz ausgewiesen.

Future Ein standardisierter Terminkontrakt in Bezug auf Menge, Qualität und Liefertermin eines Finanztitels oder einer Ware.

Geldkurs Börsenkurs, zu dem Käufer bereit sind, ein bestimmtes → Wertpapier zu erwerben; das Gegenteil von → Briefkurs.

Genussschein Ein Genussschein verbrieft das Recht des Inhabers, am Gewinn eines Unternehmens teilzuhaben, ohne dabei jedoch Aktionärsrechte innezuhaben.

Geschlossener Fonds Beteiligungsgesellschaft, deren Mittel durch den Verkauf einer begrenzten Anzahl von Anteilen aufgebracht werden. Ist das geplante Volumen erreicht, wird der → Fonds geschlossen. Der Erwerber eines Anteils an einem geschlossenen Fonds wird Unternehmer (meist Kommanditist) mit alles Chancen und Risiken.

Gewinn Gewinn ergibt sich, wenn die Erträge eines Unternehmens die Aufwendungen innerhalb der Abrechnungsperiode übersteigen.

Going public Der erste Börsengang eines Unternehmens (wörtlich: „an die Öffentlichkeit gehen").

Grundkapital Die Summe der → Nennwerte aller ausgegebenen Aktien eines Unternehmens. Die Aktien wurden bei Gründung der Gesellschaft zum Nennwert an Gesellschafter

abgegeben und die Gesellschaft hat dadurch einen Kapital-
stock erhalten, der dem Grundkapital entspricht. Das Aktien-
oder Grundkapital ist unabhängig von der Kursentwicklung
einer Aktie und bildet die Haftungsmasse der → Aktiengesellschaft für außenstehende Gläubiger. Es muss wertmäßig
dem Unternehmen zur dauerhaften Verfügung stehen.

Handelssystem   Eine Transaktionsstrategie im Handel mit
→ Wertpapieren und → Futures. Nach vorab festgelegten
Bedingungen, etwa beim Erreichen gewisser Kursziele, die
im Rahmen einer Chart-Analyse ermittelt werden, erfolgen
die Käufe und Verkäufe des jeweiligen Titels.

Hausse   (Von französisch *haut*: hoch) Eine länger andau-
ernde Phase der Aufwärtsbewegung der Kurse an den Wert-
papierbörsen; auch „Bullenmarkt"

Hebel   Kennzahl im Zusammenhang mit → Optionen und
anderen → Derivaten. Sie bezeichnet, wie viele Optionsscheine ein Anleger für den derzeitigen Kurs des jeweiligen
→ Basiswerts theoretisch kaufen kann.

Hedge-Fonds   Investmentfonds mit Absicherungsstrategien
gegenwärtiger und zukünftiger Vermögenswerte

Hedging   Finanzgeschäft zur Absicherung von Kursrisiken
oder Schwankungen von Rohstoffpreisen durch den Kauf von
→ Futures oder → Optionen. Der Käufer erhält dadurch eine
genauere Planungssicherheit, die er mit dem Kaufpreis bezahlt.

Hedging mindert also das Risiko eines Finanzgeschäfts, aber aufgrund zusätzlicher Kosten auch dessen Rendite.

Index   Eine Kennzahl für die Entwicklung eines gewissen Marktsegments oder Aktienmarkts. Beginnend ab einem Ausgangspunkt wird die Entwicklung eines (imaginären) → Depots, welches die entsprechenden Titel enthält, nachgezeichnet. Leitindex in Deutschland ist der → DAX.

Indexoption   Eine → Option, deren → Basiswert ein → Index ist

Investmentfonds → **Fonds**

Insolvenz   Die Zahlungsunfähigkeit eines Schuldners beziehungsweise eines Unternehmens. Für den Anteilseigner eines insolventen Unternehmens bedeutet dies meistens, dass seine Anteile vollkommen wertlos sind.

Institutionelle Anleger   Kapitalmarktteilnehmer, die als Institutionen Geld anlegen und regelmäßig hohe Investitionsvolumina bewegen. Dazu zählen Investmentgesellschaften, Versicherungen, Investmentfonds, aber auch Bund oder Länder. Sie beeinflussen das Geschehen an den Finanzmärkten hauptsächlich.

IPO   Abkürzung von Initial Public Offering; der Börsengang eines Unternehmens

Junge Aktien   Zusätzliche, neue Aktien, die bei einer Kapitalerhöhung von einer → Aktiengesellschaft ausgegeben werden. Alte Aktien sind somit die → Wertpapiere, die sich schon vor der Kapitalerhöhung im Umlauf befunden haben. Junge Aktien werden zu alten Aktien, wenn sie diesen in allen Rechten, z. B. volle Dividendenberechtigung, gleichgestellt sind.

Junk bonds   (Wörtlich: „Schrottanleihen") → Anleihen einer Gesellschaft, die durch Rating-Agenturen eine schlechte Bewertung erhalten haben und über eine geringe → Bonität verfügen. Bei diesen Geldanlagen ist das Risiko vergleichsweise hoch, sein eingesetztes Kapital teilweise oder gänzlich nicht zurückzuerhalten und auch keine Zinsen ausgezahlt zu bekommen. Zum Ausgleich sind sie überdurchschnittlich hoch verzinst.

Kapitalerhöhung   Erhöhung des → Eigenkapitals einer Gesellschaft, also des → Grundkapitals bei Aktiengesellschaften, zur Finanzierung des Unternehmens oder zur Verbesserung der → Bonität oder eines → Ratings

Kapitalisierung   Auch Börsenkapitalisierung oder Börsenwert; sie ergibt sich aus der Multiplikation von Aktienkurs und der Anzahl der ausgegebenen Aktien einer → Aktiengesellschaft.

Kassageschäft   Vertrag über den Kauf oder Verkauf von → Wertpapieren, → Devisen, anderen Finanzinstrumenten oder Waren, der im Gegensatz zum → Termingeschäft nicht erst in der Zukunft, sondern unmittelbar nach Geschäftsabschluss erfüllt werden muss

KGV   Abkürzung von „Kurs-Gewinn-Verhältnis". Das KGV bildet eine Kennzahl zur Bewertung von Aktien. Hierbei wird der Börsenkurs der Aktie in Relation zu dem für den Vergleichszeitraum gegebenen oder erwarteten Gewinn je Aktie gesetzt. Bei einem niedrigen KGV wird die Aktie tendenziell als günstig betrachtet, bei einem hohen als eher teuer. Das mittlere KGV variiert jedoch zwischen einzelnen Vergleichsgruppen.

Leitzins   Von der Bundesbank festgesetzter Zinssatz, zu dem die Zentralbanken Geld an andere Banken verleihen. Diese geben ihn dann an ihre Kunden weiter.

Leverage-Effekt   (Englisch für „Hebelwirkung") Erhöhung der Rentabilität des → Eigenkapitals durch den vermehrten Einsatz von → Fremdkapital (Krediten). Diese Wirkung tritt ein, wenn ein Anleger Fremdkapital zu günstigeren Konditionen aufnehmen kann, als die Investition seines Eigenkapitals an Rendite erzielt. Durch das zusätzliche Fremdkapital wird mehr Eigenkapital frei, das für weitere Investitionen genutzt werden kann.

Mid-Cap-Fonds   Aktiengesellschaften mit mittlerer Börsenkapitalisierung. Mid-Caps haben meist ein geringeres Handelsvolumen als marktführende Titel (→ Blue Chips). Leitindex für Mid-Caps in Deutschland ist der MDAX.

Nennwert   Auch Nominalwert; gibt den nominellen Anteil einer Aktie an einer → Aktiengesellschaft wieder. Er wird errechnet, indem man das → Grundkapital durch die Anzahl der ausgegebenen Aktien dividiert. Je größer der Faktor, desto höher der Anteil der Aktie am Unternehmen.

Obligation   Ein festverzinsliches → Wertpapier, in dem sich der Aussteller für das zur Verfügung gestellte Kapital zur Zahlung eines bestimmten Betrags plus Zinsen verpflichtet

Offener Fonds   Fonds, bei dem keine Begrenzung des Fondsvermögens und der Zahl der Anteilscheine besteht. Die Anteilscheine können in der Regel an jedem (Börsen-)Tag gehandelt und von jedem Marktteilnehmer erworben werden.

Option   Eine Option ist ein Recht, einen Gegenstand unter bestimmten Bedingungen zu einem bestimmten Preis zu erwerben oder zu veräußern. Im Zusammenhang mit → Wertpapieren unterscheidet man Kaufoptionen (→ Call) und Verkaufsoptionen (→ Put). Der Käufer einer Kaufoption kann vom Verkäufer innerhalb der Optionsfrist die Lieferung einer bestimmten Menge eines → Wertpapiers zu einem bei Abschluss der Option vereinbarten Kaufpreis (→ Basispreis) verlangen. Für dieses Recht zahlt der Käufer dem Verkäufer den Optionspreis. Der Käufer einer Verkaufsoption erwirbt das Recht, dem Verkäufer innerhalb der Optionsfrist eine bestimmte Menge eines Wertpapiers zum Basispreis zu verkaufen. Bei der Kaufoption setzt der Käufer auf steigende Preise des Basiswerts, bei der Verkaufsoption auf fallende.

Aktienoptionen sind keine Beteiligungen an Unternehmen, sondern bloße Rechte zum Erwerb solcher Beteiligungen. Optionen sind eigenständig handelbar und können während der Laufzeit gekauft und verkauft werden.

Order Im Wertpapier- und Terminhandel die Anweisung an einen Börsenmakler, wie viel, was und wie gekauft oder verkauft werden soll

Outperformer So bezeichnen Analysten eine Aktie, wenn sie meinen, dass sie sich besser als der → Index, dem sie angehört, oder die → Benchmark, mit der sie verglichen werden kann, entwickeln wird. Wird ein → Wertpapier als Outperformer bezeichnet, kommt das einer Kaufempfehlung gleich. Gegenteil: → Underperformer

Pari Ausgabekurs einer Aktie, wenn → Nennwert und Kurswert identisch sind. Liegt der Nennwert über dem Kurswert, spricht man von unter pari, im umgekehrten Fall von über pari. Wird die Aktie über pari ausgegeben, bezeichnet man die Differenz als → Agio.

Performance Der Wertzuwachs beziehungsweise die Entwicklung einer Anlage gegenüber einem vergleichbaren → Benchmark

Performance-Index Ein Kursentwicklungsindex, der die Kursbewegung innerhalb des jeweiligen Indexsegments spiegelt und so die generelle Bewegung des Marktes auf einen

Blick erkennbar macht. Zugleich stellt ein Index einen Maßstab (→ Benchmark) dar, mit dem andere Anlageerfolge verglichen werden können.

Portfolio Eine Sammlung von Objekten eines bestimmten Typs; ursprünglich Bezeichung für eine Brieftasche oder Sammelmappe. In der Finanzwelt ist damit ein Bündel von Investitionen gemeint, das im Besitz eines Anlegers ist.

Private Placement → Wertpapiere oder → Fonds, die nicht öffentlich, sondern nur wenigen Anlegern angeboten werden. In der Regel sind die Zeichnungssummen sehr hoch (Mindestbeteiligung 150.000 bis 500.000 Euro).

Prospekt Der Wertpapierprospekt ist eine schriftliche Zusammenstellung von Informationen über Art, Inhalt und Risiken eines → Wertpapiers. Jeder → Emittent ist gesetzlich verpflichtet, einen Prospekt herauszugeben, wenn das Wertpapier öffentlich beworben wird oder im organisierten Markt vertrieben werden soll.

Publikumsfonds Diese Fonds zeichnen sich durch eine vergleichsweise niedrige Mindestbeteiligungshöhe aus, sodass sehr viele Investoren angesprochen werden können.

Put Verkaufsoption, bei welcher der Käufer der → Option das Recht, aber nicht die Pflicht hat, innerhalb eines bestimmten Zeitraums (amerikanische Option) oder zu einem bestimmten Zeitpunkt (europäische Option) einen bestimmten → Basiswert zu dem in der Option vereinbarten Preis in einer festgelegten Menge zu verkaufen

Rating Die professionelle Einschätzung der Zahlungsfähigkeit eines Schuldners. Dabei werden gewisse Standards (Rating-Codes) verwendet. Die Einordnung erfolgt entweder nach bankeigenen Kriterien („internes Rating") oder wird von international tätigen Rating-Agenturen durchgeführt. Ein schlechtes Rating hat für das betroffene Unternehmen zur Folge, dass die Fremdkapitalbeschaffung mit höheren Kosten verbunden ist, weil sich eine schlechte → Bonität in hohen Zinsen niederschlägt.

Real-Time-Kurs Die Wiedergabe eines Börsenkurses genau zu der Zeit, zu der dieser ermittelt wird

Referenzzinssatz Ein repräsentativer, meistens kurz- bis mittelfristiger Zinssatz, an dem beziehungsweise an dessen Veränderungen sich andere Zinssätze orientieren. Wichtige internationale Referenzzinssätze sind der Euribor und der Libor.

Rendite Ertragsrate des eingesetzten Kapitals; sie gibt das Verhältnis der Einzahlungen zu den Auszahlungen an. Sie wird meist in Prozent und jährlich angegeben. Die gebräuchlichste Renditekennziffer ist der Zinssatz.

Rentenfonds Investmentfonds, die in festverzinsliche → Wertpapiere, sogenannte Rentenpapiere, investieren. Ihren

Wertzuwachs erwirtschaften sie durch die Zinszahlungen sowie den Handel mit den gehaltenen Wertpapieren. Einzelne Fonds führen darüber hinaus auch (spekulative) Absicherungsgeschäfte am Terminmarkt durch.

Rentenmarkt Börsensegment, in dem längerfristige, verzinsliche → Wertpapiere gehandelt werden, die Rentenpapiere. Dies sind → Schuldverschreibungen (→ Bonds), die der Schuldner (→ Emittent) dem Kapitalgeber ausstellt.

Restlaufzeit Gewöhnlich wird damit die Zeit bezeichnet, die bis zum Verfall eines → Termingeschäfts durch Optionsscheine noch verbleibt. Sie gibt aber auch die verbleibende Vertragszeit bei Kreditgeschäften (etwa → Anleihen) wieder.

Schuldverschreibung Sammelbegriff für festverzinsliche → Wertpapiere, zum Beispiel → Anleihen

Sharpe ratio Kennziffer zur Bewertung des Erfolgs einer Fondsanlage. Sie gibt den Mehr-Ertrag einer risikoreicheren Geldanlage im Vergleich zur Rendite einer risikolosen Kapitalanlage an. Je höher die (positive) Sharpe ratio, desto besser hat die risikoreichere Anlageform gearbeitet. Eine negative Sharpe ratio lässt darauf schließen, dass das Ergebnis des Fonds geringer war als eine risikolose Anlage.

Small Cap Kleine → Aktiengesellschaften mit niedrigem Aktienkapital, die stärkeren Schwankungen unterliegen

Spread   Kursunterschied zwischen dem → Geldkurs eines → Wertpapiers und dem → Briefkurs

Squeeze-out   (Englisch: „verdrängen, hinausdrängen") Ein Verfahren, das es dem Mehrheitsaktionär einer AG gestattet, Minderheitsaktionäre auch gegen ihren Willen gegen Barabfindung aus der AG zu drängen

Stimmrecht   Das Mitgliedschaftsrecht der Anteilseigner eines Unternehmens, also der Aktionäre, im Rahmen der Hauptversammlung, gewichtige unternehmerische Entscheidungen des Vorstandes zu billigen, den Vorstand und den Aufsichtsrat zu entlasten, die Mitglieder des Aufsichtsrats zu wählen und über die Gewinnverwendung zu entscheiden.

Stock Options   Aktienoptionen; also → Optionen, deren → Basiswert Aktien sind

Stop-Loss-Limit   Eine Handelsoption für die Verkaufsorder im Wertpapierhandel; bezeichnet eine Kursuntergrenze. Sobald der angegebene Kurs unterschritten wird, wird ein Verkaufsauftrag zum nächsten handelbaren Kurs ausgeführt. Die Order wird dann in der Regel auch zu einem unter dem Stop-Limit liegenden Kurs ausgeführt.

Streubesitz   Der Anteil der Aktien, die sich an der → Börse im Umlauf befinden. Sie sind auf eine Vielzahl von Anlegern aufgeteilt und nicht im Besitz von Anlegern, welche sich dauerhaft an der Unternehmung beteiligen wollen.

Strong buy Eine Empfehlung von Aktienanalysten zum Kauf eines bestimmten → Wertpapiers

Strong sell Eine Empfehlung von Aktienanalysten zum Verkauf eines bestimmten → Wertpapiers .

Technische Analyse Ein finanzanalytisches Verfahren; häufig gleichbedeutend mit „Chart-Analyse". Damit sollen Vorhersagen künftiger Börsenkurse anhand historischer Kursentwicklungen ermöglicht werden, um den richtigen Zeitpunkt zum Kauf und Verkauf eines → Wertpapiers zu ermitteln.

Termingeschäft Vertrag über Lieferung und Abnahme eines Gutes zu einem fest vereinbarten Preis, der erst eine gewisse Zeit nach dem Abschluss erfüllt wird. Im Börsengeschäft unterscheidet man unbedingte (etwa → Futures) und bedingte Termingeschäfte (etwa → Optionen). Bei den bedingten Termingeschäften hat der Käufer ein Wahlrecht, ob er das Geschäft durchführen möchte, bei der unbedingten ist er zur Ausführung verpflichtet.

Thesaurierung Nichtausschüttung von Gewinnen. Der jährliche Gewinn von − Wertpapieren wird nicht an die Anteilseigner ausgeschüttet, sondern angesammelt und wieder angelegt (thesauriert). Bei thesaurierenden Fonds verbleiben die im Geschäftsjahr erwirtschafteten Erträge dauerhaft im Fondsvermögen und werden nicht ausgeschüttet. Sie erhöhen so permanent den Anteilswert. Das Gegenteil sind ausschüttende Fonds, die in der Regel einmal jährlich die aufgelaufenen Erträge an die Anleger auszahlen.

Tonnagesteuer   Ertragsunabhängige Steuerart, für die der Gewinn pauschal nach der Schiffsgröße berechnet wird, unabhängig von den tatsächlichen Gewinnen oder Verlusten der Gesellschaft. Voraussetzung für diese optionale Form der Förderung (mit anschließender zehnjähriger Bindung) ist, dass die Reederei Beschäftigung und Wertschöpfung in Deutschland sichert und ausbaut.

Total Expense Ratio   (TER) Sie bezeichnet die Gesamtkostenquoten eines → Fonds und gibt Aufschluss darüber, welche Kosten (für Management und Verwaltung) jährlich anfallen. Damit erleichtert sie den Fondsvergleich. Die Kosten werden im Rechenschaftsbericht offengelegt.

Underperformer   Das Gegenteil von → Outperformer. Als Underperformer bezeichnen Analysten eine Aktie, von der sie meinen, dass sie sich schlechter als der jeweilige Benchmark-Index entwickeln wird. Die Bezeichnung eines → Wertpapiers als Underperformer ist eine Verkaufsempfehlung.

Unlimitierter Auftrag   Eine → Order ohne Angabe eines Preislimits. Die Order wird mit dem nächstmöglichen Kurs ausgeführt. Es besteht hierbei die Gefahr, dass die Order zu unvorteilhaften Konditionen ausgeführt wird, wenn zum Zeitpunkt der Order ein ungünstiges Angebot an der → Börse vorliegt.

Unterbewertung Ein → Wertpapier ist unterbewertet, wenn es im Vergleich zu anderen Aktien als günstig bewertet erscheint oder der aktuelle Börsenkurs den Wert des Unternehmens nicht widerspiegelt.

Volatilität Risikomaß bei → Fonds oder Aktien. Sie bezeichnet das Ausmaß der Wertschwankungen während einer bestimmten Zeitspanne.

Warenbörse → Börse, an der Rohstoffe, landwirtschaftliche Produkte und Nahrungsmittel gehandelt werden.

Warrant Englisch für „Optionsschein"

Wertpapier Urkunde, die ein privates Recht (eine Forderung oder eine Beteiligung an einer Kapitalgesellschaft) verbrieft. Um das Recht aus dem Wertpapier geltend zu machen (etwa durch Verkauf oder Stimmrechtsausübung), ist zumindest der Besitz der Urkunde notwendig. Die Urkunde dient als Nachweis der Rechte aus dem Wertpapier. Börsengehandelte Wertpapiere werden jedoch meistens von den Banken für den Anteilseigner verwahrt.

XETRA Abkürzung für „Exchange Electronic Trading". Sie bezeichnet ein elektronisches Börsensystem, bei dem Angebot und Nachfrage eingestellt und automatisch zusammengeführt werden; auch Computerbörse.